Kerstin Wendel

Alles Gute zum Alltag!

… und andere Geschichten

BRUNNEN
Verlag GmbH · Giessen

Kerstin Wendel, Jahrgang 1965, verheiratet mit Dr. Ulrich Wendel, zwei Kinder. Studium der Fächer Deutsch und Musik für Sekundarstufe 1. Nach einigen Jahren im Schuldienst heute tätig als Autorin und Referentin. Sie lebt in Wetter an der Ruhr und ist zu Vorträgen, Leseveranstaltungen und Schulungen deutschlandweit unterwegs.
www.kerstinwendel.blogspot.com

Abdruck des Liedes „Alles Gute zum Alltag" und Verwendung des Liedtitels als Buchtitel mit freundlicher Genehmigung von *Samuel Harfst* © *Samuel Harfst 2010, CD: Alles Gute zum Alltag, 2010, Electrola (Universal Music)*

Verwendete Bibeltexte, jeweils mit freundlicher Genehmigung:
Bibeltext der Übersetzung „Hoffnung für alle", © 1983, 1996, 2002, 2015 by Biblica, Inc.®. Verwendet mit freundlicher Genehmigung des Herausgebers Fontis – Brunnen Basel

Bibeltext der „Neuen Genfer Übersetzung" – Neues Testament und Psalmen, © 2011 Genfer Bibelgesellschaft. Wiedergegeben mit freundlicher Genehmigung. Alle Rechte vorbehalten.

Bibeltext aus „Neues Leben. Die Bibel", © 2002 und 2006 SCM-Verlag GmbH & Co. KG, Witten

Bibeltext der „Gute Nachricht Bibel", revidierte Fassung, durchgesehene Ausgabe, © 2000 Deutsche Bibelgesellschaft, Stuttgart

Bibeltext aus „Neue evangelistische Übersetzung", © 2011 CLV, Dillenburg

©2016 Brunnen Verlag Gießen
Umschlagillustration: Giraffarte/shutterstock
Umschlaggestaltung: Daniela Sprenger
Satz: DTP Brunnen
Druck und Bindung: CPI – Ebner & Spiegel, Ulm
ISBN Buch 978-3-7655-4291-6
ISBN E-Book 978-3-7655-7399-6

www.brunnen-verlag.de

Ich widme dieses Buch all denen,
die in Treue an die „neue Kerstin" geglaubt haben.
Jahrelang!

Danke für eure Unterstützung in jeder Form!

Statements

„Möchten Sie einen Bogen schlagen von Ihrem Alltag zum Wort Gottes? Dann sind Sie mit diesem Buch genau richtig. Wie wird aus dem Banalen etwas Wertvolles? Lassen Sie sich überraschen!"

Eva-Maria Admiral, Schauspielerin, Coach, Autorin

„Die richtige Medizin für graue (Regen-)Tage: erheiternd. Ehrlich. Warm. Mut machend. Voll von Gott."

Rüdiger Jope, Chefredakteur Männermagazin MOVO

„Kerstin Wendel sieht den Alltag nicht durch die rosarote Brille, sondern würzt ihn mit Humor und erklärt ihn mit Gottes Zusagen. Ihr Buch bringt zum Schmunzeln – ist aber nicht oberflächlich. Es eröffnet Gottes Sicht auf das Leben – ist aber nicht belehrend. Es ist ehrlich – aber nicht plump. Ein Augenöffner für den eigenen Alltag!"

Elke Werner, WINGS – Women in God's Service

Inhalt

ALLTAGE – normal, banal?

Ein Vorwort

Alltage …?!

Gähn! Die fühlen sich oft so schrecklich normal an, manchmal schon banal. Stimmt's?

Was ist schon daran, unseren Alltag zu leben?!

Morgens klingelt der Wecker und reißt uns aus den Träumen. Bleibt noch Zeit für einen hektischen Kaffee oder vielleicht ein kleines Frühstück. Aber dann soll es richtig losgehen!

Alltagsleben?! – Das klingt nach viel Routine, Belanglosigkeit, Langeweile. Manchmal auch nach Sehnsucht: Ach, wär' doch wieder Wochenende!

Meine Alltagsgeschichten

Trotzdem habe ich meine Alltagsgeschichten aufgeschrieben. Denn ich glaube: Es steckt noch mehr darin! Ich traf in meinem Alltag ganz unerwartet „Freunde und Helfer", aber auch Erzfeinde. Machte Erfahrungen mit Blitzlichtkästen, Geldsorgen, einer Leitplanke und dem kleinen Schwarzen. Hatte Glücksmomente und Auseinandersetzungen.

Meine Leute

Sie werden gleich „meine" Leute ein wenig kennenlernen. Darf ich vorstellen? Mein Ehemann Uli, häufig genannt „mein Bester", des Weiteren die erwachsene Tochter Lisanne und ihr Bruder Nils, noch Schüler.

Außerdem begegnen Sie Freunden, Verwandten, Nachbarn und Bekannten. Sie alle haben das Manuskript gelesen. Anschließend Lob und Kritik eingebracht. Recht so!

Weil ich erlebe, dass authentische Worte Menschen berühren, deshalb lesen Sie in diesem Buch selbst Erlebtes.

Lesehinweise

Sie finden unter jeder Geschichte Worte aus der Bibel, wie in meinen bisher veröffentlichten Alltagsgeschichten. Die Geschichte dient nicht dazu, einen Vers textgetreu zu interpretieren. Aber ich möchte einen Bogen schlagen zu den Worten, die Gottes Worte sind. Die können nämlich ganz aktuell mit unserem Alltag zu tun haben!

Danke

Dank geht an Gott: Der macht aus meinem ach so banalen und oft so herausfordernden Leben ein schönes, wertvolles, gutes.

Dank geht an die Menschen: Mit euch darf ich Leben teilen. Wie schön ist es, nicht allein zu sein. Bin froh über jeden Einzelnen von euch.

Dank geht an die Lektorin Petra Hahn: Danke für alle Unterstützung.

Kerstin Wendel,
Wetter an der Ruhr, im Frühjahr 2016

1 Mit dem kleinen Schwarzen

„Ach, da ist sie wieder mit dem kleinen Schwarzen unterwegs …"! Könnte sein, dass einige meiner Nachbarn so von mir denken, wenn sie ab und an durchs Küchenfenster sehen. Damit ist nun aber nicht gemeint, dass ich das kleine Schwarze anhabe und gerade aufgehübscht vor unsere Haustür trete. Direkt auf dem Weg zu einem tollen Event. Nein, das kleine schwarze Ding ist meine Alltagsbibel, Genfer Übersetzung. Weihnachtsgeschenk von meinem Besten. Es könnte ja alles Mögliche sein: Tagebuch, Kochbuch aus Omas Zeiten, Fantasy-Roman.

Manche meiner Nachbarn wissen vielleicht sogar, was es ist. Weil sie auch so ein schwarzes Ding irgendwo stehen haben. Im Buchregal. Seit der Konfirmation vielleicht. Schwarz, schwer und mit Goldrand!

Ich klemm mir also meine Bibel – nicht schwer, ohne Goldrand – an vielen Tagen unter den Arm, und auf geht's! Ganz in der Nähe gibt es einen ruhigen Weg am Waldrand. Das ist mein Leseplatz bei Wind und Wetter.

Ich bin eine Outdoor-Leserin, weil mich da nicht so viel ablenkt wie zu Hause. Telefon und Handy sind mir nicht im Ohr, Staub und vertrocknete Blumen nicht im Blick. Ich such Gott im kleinen Schwarzen. Er lässt es sich nicht nehmen, immer noch durch dieses alte Buch etwas von

Liebe zu erzählen. Das reizt mich, weckt immer wieder meine Neugier.

Manchmal haben sich auf dem Weg mit der Bibel unterm Arm schon erstaunliche Gespräche ergeben. Ich traf Menschen, die sich nicht nur ihren Teil dachten, sondern mich prompt ansprachen: „Sie lesen unterwegs? Was lesen Sie denn da?" Das fragte mich jemand, der einmal Bibelleser gewesen war.

Neulich nun zieht es mich mit dem kleinen Schwarzen nicht bis zu meinem Waldweg, sondern auf die Bank direkt vor meiner Haustür. Frühlingssonne! Ahh! Augen zu und genießen! Wunderbarer Start in meine Lesezeit.

Kaum habe ich mich vertieft, da höre ich meinen Nachbarn, der gerade direkt neben mir sein Reihenhaus verlässt. Oh, heute ist mir gar nicht danach, dass man mich mit der Bibel erwischt. Es gibt solche Tage. Da will ich nicht so gern als Christin erkannt werden. An anderen Tagen bin ich mutiger. Aber heute? Was soll der liebe Nachbar auch denken, wenn er mich schon wieder mit dem schwarzen Ding da sitzen sieht? Ich will ja nicht als komische, abgedrehte Fromme gelten. Während ich mir noch Gedanken über mein Image mache, höre ich, wie er mit dem Wagen vor seinem Haus anhält. Der Motor ist abgestellt.

„Jetzt werden wir uns gleich begrüßen. Das kleine Schwarze ist nun auch nicht mehr zu verstecken", denk ich noch, während mein Nachbar irgendetwas aus seinem Haus holt. Er winkt mit einer großen Pappe in der Hand. Das Ding war offensichtlich Teil eines Umzugskartons.

„Ich hab da noch was für Sie oder Ihren Mann!" Und mit dem Ding kommt er auf mich zu.

Verblüfft lese ich den Schriftzug auf der Pappe:

„Einer trage des anderen Last"
Neues Testament
Zapf Umzüge, Internationale Fachspedition.

Ich schlucke. Was passiert hier eigentlich gerade? Nicht ich komme zu ihm, mit der Bibel in der Hand. Ich suche ja eigentlich gerade eher nach einem Loch im Vorgarten, wo ich mein geliebtes Buch zügig verbuddeln kann. Stattdessen kommt er zu mir. Bibelträger von nebenan.

„Na, das müssen Wendels doch unbedingt sehen!", hat er sich gedacht, als vor Tagen ein Paket ankam. Eingepackt in genau diese stabile Pappe von Zapf.

Natürlich ergibt sich ein Gespräch zwischen uns über die Werbung von Zapf, die anscheinend 1999 im Umlauf war. Das stellt sich bei genauerem Hinsehen heraus.

„Tja", meint mein Nachbar, „wenn ein Spruch aus dem Koran dafür hätte herhalten müssen, wären die Gläubigen sicher auf die Barrikaden gegangen. Die nehmen so was nicht einfach hin."

Wieder muss ich schlucken. Fühle ich mich doch gerade ein bisschen ertappt. Mein Mut reicht heute noch nicht mal dafür aus, mit dem kleinen Schwarzen zusammen auf der Bank gesehen zu werden. Geschweige denn für mehr. Haben mir Gläubige anderer Weltreligionen in Sachen Mut manchmal etwas voraus?

Heute hat mich mein Nachbar mit seiner „Bibel auf brauner Pappe" ganz schön herausgefordert. Gut so, richtig gut!

Außerdem hat er mich ermutigt, häufiger zu meinem Gott zu stehen. Kerstin Wendel, unterwegs mit dem kleinen Schwarzen! Das lässt sich sehen. Ist ganz normal! Meine lieben Nachbarn wissen doch sowieso, was mir wichtig ist. Um das mitzubekommen, muss man sich in unserer eng bebauten Wohnsiedlung nicht mal weit aus dem Fenster lehnen. Sie sehen ganz nebenbei meine Sporttasche, den Flötenkoffer oder einen Großeinkauf. Eben alles, was ich zu Hause rein- oder raustrage.

Ermutigt hat er mich, mein Nachbar! Auf dass ich wieder gern eine Bibelträgerin bin. Unterwegs mit dem kleinen Schwarzen. Weil es *das Buch* ist.

Für mich!

Das kleine schwarze Lebensbuch!

„Jeder soll dem anderen helfen, seine Last zu tragen. Auf diese Weise erfüllt ihr das Gesetz, das Christus uns gegeben hat."
Galater 6,2 (HFA)

„Verkünde die Botschaft Gottes! Tritt für sie ein, ..."
2. Timotheus 4,2a (NGÜ)

2 Traumurlaub?

Sommerzeit! Herrlich! Ich genieße in vollen Zügen!

Und obendrauf aufs Glück: Vorfreude auf den Traumurlaub mit der ganzen Familie in den Sommerferien! Das ist schon mal ganz klar! Steht seit Monaten fest!

Zwei ganze Wochen Urlaub! Dazu in Dänemark. Wunderschöne Natur, Kopenhagen und Kreidefelsen in erreichbarer Nähe. Es wird fantastisch werden!

Kein Umzug direkt vorher, wie letztes Jahr. Da mussten parallel Umzugskartons und Urlaubstaschen gepackt werden. Chaos, Chaos, sag ich nur.

Nein, in diesem Jahr kann nichts schiefgehen: Die Kids sind schon lange aus dem Gröbsten raus, lassen uns nachts schlafen … Wir kennen das Ferienhaus und werden keine unliebsamen Überraschungen erleben. Und, absolute Krönung meiner Vorfreude: Mein Bester hat bereits eine Woche vorher frei. Diesmal packt Mann also mit an bei den Vorbereitungen!

Na, das ist doch alles traumhaft schön! Und zum Glück nicht nur ein Traum, denn das alles ist ja zu erwarten!

Beim Packen bin ich in bester Stimmung und so relaxed, dass ich eigentlich gar nicht mehr wegfahren müsste. „Mensch, Uli, was haben wir es gut in diesem Jahr!"

Und dann beginnt er, der Traumurlaub …

Nach gut vierundzwanzig Stunden Sommerwetter setzt der Sommerregen ein. Laut, intensiv, ununterbrochen. Und nass! Hallo, wir sind doch an der Ostsee. Hier kennen wir doch gar keinen Dauerregen! Hier klart es doch immer wieder ruckzuck auf! War doch immer so!

Aber es klart nicht auf. Es schüttet. Draußen ist gefühlt November, sonst nichts! Und die schönen, ersehnten, traumhaften Urlaubstage kommen und gehen.

Wir stecken das alle tapfer weg und leben das Alternativprogramm: Lesen, drinnen! Spielen, drinnen! Ausflüge – in geschlossene Räume natürlich. Wir lassen uns unseren Traumurlaub doch nicht vom schlechten Wetter vermiesen!

Nach gut acht Tagen sehe ich im Schrank die traumhafte Sommerkleidung … Dünne T-Shirts? So gut wie keins getragen. Auf der Wiese vor dem Ferienhaus steht das Wasser knöcheltief. Die Hängematte draußen nur noch mit Gummistiefeln zu erreichen. Die Spiele sind so was von ausgespielt. Die Bücher? Verleihen wir uns mittlerweile gegenseitig. Baden in der Ostsee, Abendpicknick, Tour mit dem Schlauchboot? Alles abgeschrieben!

Hilfe, ist das unser Traumurlaub?!

Was wir haben, das sind Mücken, Mücken, Mücken. Sie umschwirren drinnen und draußen unsere Köpfe. Wendels, zieht eure Kapuzen auf! Vermummt wie coole Rapper trauen wir uns manchmal doch noch an den Strand.

Noch acht, sieben, sechs Tage. Ich ertappe mich dabei, dass ich sie zähle, die Resttage unseres Traumurlaubs.

Normalerweise verdränge ich Gedanken an die Rückfahrt bis ganz zum Schluss. Jetzt aber sehne ich mich
klammheimlich nach Hause. Dort würde es mir egal sein,
wie viele Liter es täglich regnet. Es würde keine neuen
Mückenstiche geben. Dort …

Hallo, Kerstin! Was denkst du denn da? Das hier ist
doch euer Traumurlaub!!! Mit einem Mal kämpfe ich
mit einem Riesenberg an Frust und Enttäuschung! Wir
hatten uns doch sooo gefreut!

Ich schaffe es einfach nicht, dieser Zeit noch Gutes
abzugewinnen. Wir müssen ja immerhin nicht arbeiten,
können schlafen, gut essen und die Familie genießen –
wenn wir uns gerade mal nicht auf den Keks gehen. Aber
ich krieg das Ruder innerlich einfach nicht herumgewor-
fen. Ich häng fest. Oder bin ich innerlich sogar schon ab-
gefahren? Heimlich schmiede ich bereits neue Pläne. Wir
könnten es doch im nächsten Jahr mal in … versuchen!
Wie wäre es denn mit der französischen Atlantikküste?
Dort regnet es bestimmt viel weniger. Die Kinder können
sich richtig austoben. Dort …

Mein Bester will davon überhaupt nichts wissen. Er
meint, ich solle im „Jetzt" leben. Aber ich schaff's nicht.
„Jetzt" regnet es, die Kleidung fühlt sich klamm an, die
Kanalisation im Bad riecht unangenehm und zu allem
Überfluss gibt es mittlerweile noch eine prächtige Amei-
senstraße mitten im Essbereich.

Das Ganze eskaliert am Sonntagabend. Aus purer Langeweile gucken wir irgendeine Schnulze von Rosamunde
Pilcher. Mitten im Film erfolgt ein Donnerschlag. Dann

Geblubber und andere komische Laute. Die kommen aber nicht aus dem Fernseher, sondern aus unserem Bad. Wir runter vom Sofa, auf in Richtung „Geräusch". Als wir die Tür vom stillen Örtchen aufreißen, sehen wir auch schon, wie die Kanalisation hochkommt.

Geht's denn noch doller?! Heute Abend ist nichts mehr zu retten. Die dänischen Handwerker schlafen schon lange. Ein Gäste-WC haben wir nicht. Tiefpunkt meines Urlaubsfeelings!

Sechs Tage später sind wir wieder zu Haus. Trockene Kleidung. Eine regensichere Terrasse. Das WC in Ordnung. Ameisen und Mücken vor der Tür. Ach, wie schön kann Alltag sein!

Erst jetzt merke ich, dass ich meinen ganzen Urlaubsfrust vor Ort allein mit mir ausgemacht hab. Reden mit Gott? Mich ausklagen? Vielleicht mich bei ihm erleichtern und sogar eine andere Sicht bekommen? – Ich hab es leider noch nicht einmal probiert.

Endlich hole ich es nach. Will wieder mit mir und meinen großen Träumen versöhnt werden. Endlich! Endlich!

Und anschließend? Erlebe ich mein traumhaftes Sommergeschenk: Von einer spendablen Freundin erhalten wir Geld, damit wir uns nach *dem* Urlaub etwas Gutes gönnen.

Für Samstag ist erstaunlicherweise Wärme und Sonnenschein angesagt. Kurzerhand packen wir unsere Räder wieder aufs Autodach und die Kühltasche voll mit Leckereien. Die ganze Familie erlebt einen wunderschönen, langen, abwechslungsreichen, warmen, entspannten, harmonischen und trockenen Ferientag. Das Ganze gerade mal fünfzig Kilometer von daheim entfernt – mitten im Kohlenpott. Der Tag fühlt sich wie eine halbe Urlaubswoche an. Ja, jetzt bin ich ausgesöhnt mit meinem „Traumurlaub"!

Und nächstes Jahr? Da will ich ins heiße, trockene Spanien!
Quatsch.
Ich will weniger rumträumen, weniger erwarten, rechtzeitig mit Gott reden und aus meinen „Urlaubs-Zitronen" Limonade machen.
Ehrenwort!

> *„Wenn es dir gut geht: Freu dich daran!*
> *Und wenn du von Unglück betroffen bist:*
> *Denk daran, dass dieser Tag wie auch jener von*
> *Gott gekommen ist, damit der Mensch nicht*
> *herausfinden kann, was die Zukunft bringt."*
> *Prediger 7,14 (NLB)*

> *„Macht euch keine Sorgen um den nächsten Tag! Der nächste Tag wird für sich selbst sorgen. Es genügt, dass jeder Tag seine eigene Last mit sich bringt."*
> *Matthäus 6,34 (NGÜ)*

3 Telefongebet

Auszeit! In gut fünfzehn Minuten fängt die an!

Gemeint ist eine neue Abend-Veranstaltung für Frauen in meiner Gemeinde. Ein spannendes Thema, nette Knabbereien und liebe Menschen! Das zieht doch!

Aber ich habe überhaupt keine Lust heute. Mir schwirrt der Kopf: Mein Junge bekommt eben die zweite Absage für seine Übernachtungsparty am Abend. Der schiebt also Frust. Meine Große überrascht mich mit der Nachricht, ob ich sie bitte nachher von der Fete bei irgendeiner Lisa abholen kann. Die braucht also Mamas Taxi. Ich hab aber gerade kaum Kraftreserven für solche Nachtdienste.

Außerdem bin noch leicht genervt. Mir hängt ein Gespräch von heute nach. Da gab es jemanden, der sich beschweren musste. Es ging um eine kleine Sache, die zu meinem Verantwortungsbereich in meiner Kirchengemeinde gehört. Eigentlich finde ich es gut, wenn die Leute nicht mit ihrer Meinung hinter dem Berg halten. Aber manchmal hat man halt keine Lust auf Konflikte.

Und jetzt also zur „Auszeit"?! Eine Auszeit von meinen Sorgen nehmen! Gute Idee! Aber klappt das auch?

Ich versuch's einfach und fahre doch hin.

Der Morgen danach startet noch früher als gewöhnlich. Eine Routineuntersuchung beim Arzt und anschließend Schreibtischarbeit. Immer noch schwirrt „das kleine Konfliktchen" von gestern in meinem Kopf herum. Wenn es doch wenigstens irgendein fettes Problem gewesen wäre! Was weiß ich, irgend so ein Gottesdienst, der völlig aus den Fugen geraten wäre. Tanzende Jugendliche in knapper Oberbekleidung, schräge Predigt oder umgeschmissene Traubensaftgläschen beim Abendmahl. Eben irgend so einen Knaller. Oder noch Ernsthafteres. Dann wüsste ich vielleicht, was zu tun wäre. Stattdessen geht es, so wie ich es sehe, um ein Miniproblem. Ich soll's ernst nehmen und weiß gerade nicht wie …

Da finde ich die Mail von Linda. Sie war gestern auch in der „Auszeit". Ob es mir nicht so gut gegangen sei? Sie hätte so ein Gefühl gehabt.

Mensch, tut mir das gut! Weil wir uns vertrauen, bin ich ermutigt, meine Seele zu erleichtern. Also schnell eine Mail schreiben. Irgendwie wohltuend, dass Linda was gespürt hat gestern Abend.

Eine Stunde später antwortet sie. Ob wir uns nicht spontan zum Beten verabreden wollen – für diese Sache und alle beteiligten Menschen! Linda hat mich nicht eingeladen, über jemanden zu hecheln, abzulästern, zu schwätzen. Sondern um zu beten für die ganze Sache!

Sofort merke ich, dass das *die* Idee ist, auf die ich die ganze Zeit selbst nicht gekommen bin. Klar: erst mal beten, wenn keine Lösung in Sicht ist! So einfach!

Ich antworte sofort auf Lindas Mail. Hoffentlich passt es ihr heute Nachmittag …

Vor lauter Mails hab ich die Zeit vergessen. Oh, kurz vor eins schon. Die Kinder wollen bald essen. Jetzt aber nichts wie in die Küche und den Kochlöffel geschwungen. Öl tropft in die heiße Pfanne, laute Musik läuft, sodass ich beinahe das Telefon nicht gehört hätte. Linda ist dran. Sie kann heute Nachmittag nicht. Aber sie kann jetzt!

Ich, Kerstin, vorzeiten nicht gerade bekannt für spontane Aktionen, höre mich sofort sagen: „Du, Linda, ich stelle gerade meine Pfanne wieder ab und verzieh mich ins Schlafzimmer, dann können wir gleich am Telefon beten, okay?" Und schon flitze ich ins Schlafzimmer. Hier ist Ruhe, um mich auszusprechen.

Jetzt ist Disziplin angesagt! Ich will nicht lästern. Will einfach das Problem darstellen und dann wollen wir das Ganze abgeben, an den, der sich mit solchen Dingen auskennt. Gott. Der die Menschen am besten versteht. Die „kleinen Konfliktchen", die scheinbaren Lappalien und die richtig großen Probleme. Er, der alle Seiten eines Konflikts sieht. Er, der Herzen durchschaut. Er, der auch weiß, dass manchmal aus Lappalien richtige Knaller werden, wenn man nicht aufpasst. Und das wollen wir ja gerade nicht erleben!

Wir beten. Telefongebet eben. Wir geben ab. Heilige Minuten mit Linda, Gott und mir. Menschliche Sicht zurückstellen, göttliche Sicht erwarten! Sooo gut!

Nach fünfzehn Minuten bin ich wieder an meiner Pfanne und dem mittlerweile lauwarmem Öl. Entlastet, froh und befreit mache ich mich ans Kochen. Mensch, wie gut hat das getan, mit meiner Seelenlast nicht allein zu bleiben! Ich hab zwar noch keine konkrete Lösung im Kopf, aber wieder Energie und Hoffnung! Es wird weitergehen! Das spür ich.

„Heute ist es mit dem Essen später geworden. Ich hoffe, das ist in Ordnung für euch?", erkläre ich meinen Kids. „Linda und ich, wir haben eben noch gebetet. Wisst ihr, ich hatte gestern so ein Problem …"

Mein Junge klopft mir gutmütig auf die Schulter. Es gibt Gnocchi mit Tomatensoße, außerdem Salat. Ein Stimmungsaufheller nach der Schule für ihn. Und was höre ich von Nils?

„Beten geht immer vor, Mama, da nehmen wir Rücksicht."

Ja, beten zu zweit, wenn's gar nicht anders geht, sogar am Telefon! Das ist eine echte Auszeit von Alltagssorgen.

Einfacher, schneller und göttlicher geht's nicht!

„Herr, ich suche Gerechtigkeit!
Höre meine Klage, nimm meine Bitte an;
von meinen Lippen kommt keine Lüge."
Psalm 17,1 (GNB)

„Das Gebet eines Menschen, der sich nach
Gottes Willen richtet, ist wirkungsvoll
und bringt viel zustande."
Jakobus 5,16b (NGÜ)

4 Geldsorgen

Neunhundert Euro! Die Zahl steht schon seit Monaten gut sichtbar unter „Juni" in unserem Finanzheft. Das ist der noch fällige Betrag für unseren diesjährigen Sommerurlaub.

Ich hab die Geldsumme zwar notiert, aber in keinerlei Weise bedacht! Das ist ja eigentlich gar nicht meine Art. Bin immer gut organisiert. Für meine Familie ist das oft hilfreich, selten lebensrettend und manchmal einfach nur total nervig. Und diesmal habe ich nichts organisiert!

Kerstin, was ist los mit dir??

Der Juni kommt … und entwickelt sich zum teuersten Monat des Jahres. Jeder braucht irgendwas: strapazierfähige Schuhe für das Sommercamp, Kleinigkeiten für den Auszug, Geschenke für besondere Anlässe.

Oha! Und ich hab nicht nur die neunhundert Euro vergessen, sondern auch noch *das* Highlight meiner Großen: Lisanne will heute mit uns über ihr Kleid für den Abiball reden. Auch vergessen, einzuplanen! Oh Schreck!

Schonend bereite ich meinen Besten am Abend darauf vor, dass Lisanne morgen früh nach Dortmund fährt. Unter fachkundiger Beratung ihrer Freundin wird sie dort ein Traumkleid erstehen.

Mein Bester hört die angepeilte Summe und erfährt,

dass dieses Kleid eventuell nur zum Abi und ansonsten wohl *nie wieder* getragen wird. Ungefähr sechseinhalb Sorgenfalten sehe ich auf seiner Stirn. Deutlich und stark fallen sie aus, die Sorgenfalten. Wie? Kann man etwas nur ein Mal im Leben tragen, außer dem Hochzeitskleid???

Außerdem wird er aufgeklärt, dass es ja mit dem Kleid nicht getan ist. Sie kann schließlich nicht ihre Chucks dazu anziehen. Dazu kommt der Rest, den frau eben so braucht: Unterwäsche, Täschchen, Schmuck.

Für meinen genügsamen, sparsamen und anspruchslosen Gatten bricht gerade die Welt zusammen. Für Lisanne auch. Die möchte einfach nur ihre wunderschöne, gute Figur bei einem einmaligen Anlass zeigen und passend angezogen sein.

Mein zweiter dicker Fehler bahnt sich an. Mit Lisanne muss ja noch die Summe für Dortmund geklärt werden. Hätte ich jetzt locker ein paar Scheine hingeblättert, wäre die Kuh vom Eis gewesen. Aber die Freiheit habe ich gerade nicht.

Eigentlich wollen Mutter und Tochter sachlich über „alles" reden, ruckzuck aber gibt es dicken Streit im schönen Reihenhaus. Ich hab ungeschickt geguckt und nicht durchdacht gehandelt! Hin ist der Abendfriede.

Es wird geheult, erklärt, gestritten, beschwichtigt. Alle Damennerven liegen blank. Die von meinem Besten, der vermitteln soll, ebenfalls. Ans Schlafen ist lange nicht zu denken …

Eine Notlösung fällt mir spätabends noch ein: Ich habe schon Geld für Lisannes Abi-Geschenk zur Seite gelegt. Davon zweige ich jetzt erst mal etwas ab.

Beim Frühstück holt mich mein schlechtes Gewissen sofort wieder ein. Ich sehe Lisannes verweintes Gesicht und könnte mich ohrfeigen. Kleiderkauf für das Abitur! So ein toller Anlass! Und ich hab viel dazu beigetragen, dass die Stimmung komplett hinüber ist! Wie bügele ich das wieder aus?

Da hilft nur eins: „Entschuldige, Lisanne!" Das ist das Einzige, was helfen kann. Und es hilft. Auch diesmal.

Der Hausfriede ist endlich wiederhergestellt.

Was aber ist nun mit den neunhundert Euro? Mitten hinein in meine Sorgen meldet sich zunächst der eiserne Spargedanke meiner früheren Jahre: Aufgrund der Ausgaben einfach ganz doll aufs Geld achten. Sparen wie die Schwaben. Angebote beachten! Ich schüttele über mich selbst den Kopf: Als ob es das bringen kann, wenn ich das Brot nun für eins neunundzwanzig kaufe statt für das Doppelt und Dreifache vom Bäcker. Das rettet doch keine neunhundert Euro! – Ich mach's natürlich trotzdem im Juni.

Dann aber meldet sich Gott, schlicht und ergreifend: „Hör mal zu, mein liebes Kind, ihr lebt doch ganz normal und gut. Ihr kauft euch keinen opulenten Fernseher auf Raten, ihr habt kein Leasing-Auto, nur euren verrosteten Kombi. Jetzt lebe einfach mal weiter und lass mich machen. Lass den Juni zum Vertrauensmonat werden! Ich versorge euch. Versprochen!"

Wow! Als ich das höre, bin ich endlich, endlich wieder ganz bei mir: Ich bin glücklich, zufrieden, ruhig, gelassen, sorglos. Gott kümmert sich um meine kleinkarierten Geldsorgen, die mir selbst auf die Nerven gehen. Ihm anscheinend nicht. Er nimmt sie zum Anlass, mir in einem ganz normalen Monat mal wieder etwas beizubringen. Ich brauch mich nicht immer auf mein Rechnen, Planen, Denken, Machen, Tun verlassen.

Kopf und Herz fegt er mir damit frei. Dazu vergibt er mir Erziehungsfehler. Das pralle Lebensglück liegt also mal wieder im Gottvertrauen und Loslassen.

Und wie ist der Juni dann gelaufen?

Wir haben ganz normal gelebt. Guten Gewissens habe ich eine Summe vom Notkonto für den Urlaub abgehoben. Eine Idee, auf die ich besser schon im Mai gekommen wäre. Sorgen habe ich mir öfter einmal gespart. Luxus natürlich auch. Den häufigen Blick auf den Kontostand habe ich sein gelassen. Wozu auch? Der Dortmund-Einkauf fiel günstiger aus als gedacht. Und ich bekam noch einen Geldbetrag geschenkt. Unerwartet gut sind wir durch diesen Monat gekommen.

Lektion aus allem: Im Notfall besondere Lösungen wagen! Sorgen abgeben! Fürsorge erwarten! Gleichzeitig die Gesichtsmuskulatur besser unter Kontrolle haben. Auf all diesen Gebieten darf ich noch viiiele Fortschritte machen!

Tja, nun habe ich vor lauter Gelassenheit also fast nichts, wovon ich mich im diesjährigen Sommerurlaub erholen muss!

„Mein Bester, wir fahren doch aber trotzdem, oder?"

„Darum sage ich euch: Macht euch keine Sorgen um euren Lebensunterhalt, um Essen, Trinken und Kleidung. Leben bedeutet mehr als Essen und Trinken, und der Mensch ist wichtiger als seine Kleidung. Seht euch die Vögel an! Sie säen nichts, sie ernten nichts und sammeln auch keine Vorräte. Euer Vater im Himmel versorgt sie. Meint ihr nicht, dass ihr ihm viel wichtiger seid? Und wenn ihr euch noch so viel sorgt, könnt ihr doch euer Leben um keinen Augenblick verlängern. (...) Sorgt euch vor allem um Gottes neue Welt, und lebt nach Gottes Willen! Dann wird er euch mit allem anderen versorgen. Deshalb sorgt euch nicht um morgen – der nächste Tag wird für sich selber sorgen! Es ist doch genug, wenn jeder Tag seine eigenen Lasten hat."*

Matthäus 6,25-27.33.34 (HFA)

„Denkt daran, meine lieben Geschwister: Jeder sei schnell bereit zu hören, aber jeder lasse sich Zeit, ehe er redet, und erst recht, ehe er zornig wird."*

Jakobus 1,19 (NGÜ)

„Eine freundliche Antwort vertreibt den Zorn, aber ein kränkendes Wort lässt ihn aufflammen."*

Sprüche 15,1 (HFA)

5 Abiturball

Das erste Mal! Ob das nun der Windelkauf, der Elternabend oder der Liebeskummer unserer Kinder ist, wir Eltern betreten „beim ersten Mal" grundsätzlich Neuland. Logisch.

Unsere Erstgeborene steuert nun also aufs Abi zu. Absolutes Neuland für uns. Wendels werden in einem Jahr den ersten Abiball eines ihrer Kinder mitfeiern! Wow!

Die Generation meiner Tochter fängt tatsächlich ein Jahr vorher an! Nein, nicht mit Lernen fürs Abi! Wo denk ich hin! Mit Planen und Vorbereiten der Feierlichkeiten!

Nun, ich bin arglos. Ich habe ja auch keine Ahnung, um was es sich hier handelt. Ist ja unser erstes Mal!

Irgendwann bekommen wir ein offizielles Schreiben in die Hände. Wir Eltern werden informiert, dass uns als Familie dieser Abend über zweihundert Euro kosten wird. Unbekleidet, versteht sich! Das passende Outfit brauchen wir natürlich auch noch.

Es wird uns sogleich freundlich erklärt, wie günstig das ist. Der Sicherheitsservice ist in den gut zweihundert Euro schon mit drin. (Wie, haben wir unseren Abiball damals ohne Sicherheitsservice erlebt? Und wir leben noch? Allerhand!)

Außerdem sind die Softgetränke bis vierundzwanzig Uhr inklusive, ebenfalls die Licht- und Tontechnik.

„Mama, das ist wirklich fast geschenkt." So Lisanne.

Wie war das denn damals bei mir? Mein Abiball fand in der ganz normalen Stadthalle meiner Heimatstadt statt. Doch, die hatten 1984 schon Licht und Technik in der Halle, wir haben nicht im Dunkeln getanzt ... Ach, Schluss jetzt mit meinen Erinnerungen, es geht ja um den Abiball 2014 in Wetter. Der wird selbstverständlich in einer Eventhalle stattfinden. Nicht in irgendeinem schnöden Bürgerhaus.

Zurück zu dem Schreiben, das wir bekommen haben. Die wichtigste Aussage ist folgende: Man will den Kartenpreis für den Eintritt von den kalkulierten dreiundfünfzig Euro auf ungefähr dreißig bis fünfunddreißig Euro pro Kopf reduzieren! Die sind rührend, die Abiturienten! Ich finde das total umsichtig. Es wird doch auf unser Budget Rücksicht genommen! Unsere Schüler wollen das mit sogenannten „Finanzierungsprojekten" hinkriegen.

Einige Monate später habe ich so meine Erfahrungen damit gesammelt. Das Codewort ist: Vofi! Nein, kein Spitzname eines süßen Dackels. Ganz korrekt heißt das Codewort: „Vorfi" – das ist eine „Vorfinanzierungsfete". Die Abiturienten feiern also schon mal vor? Vertrauend, dass sie ihr Abi alle locker schaffen? Das ist ja witzig. Und zeitgleich finanzieren sie mit den Einnahmen dieser Feten schon mal einen Teil des Abiballs. Clever und lukrativ!

So der Plan, der funktionieren soll.

Da sind wir nun genau beim springenden Punkt. Einige Monate später gibt es einen Elternabend. Nach dem Intro mit den Formalitäten zum Gähnen erscheint ein Unbekannter vorne an der Tafel. Der weckt uns auf. Ein gut aussehender Abiturient fängt an, etwas vorzutragen. Dafür hat er sogar eine Präsentation vorbereitet. Nach einigem Zahlenwirrwarr merken wir Eltern, dass eine der geplanten „Vorfis" ein Minus von über dreihundert Euro erwirtschaftet hat. Freundlich und rührig erfolgt vorn am Pult die Beichte darüber, wie das alles so zugegangen ist.

Mit einem Mal erwacht unsere Generation. Nach und nach versteht der letzte von uns Eltern, die wir eben noch recht gelangweilt auf die Handys gelinst haben, dass schon wieder von unserem Geld die Rede ist. Einige setzen sich aufrecht hin, andere nehmen die Brille ab, wieder andere tuscheln mit den Nachbarn. Aber die Zahl bleibt. Sie liegt bei über dreihundert Euro. Die fehlen! Wie jetzt?!

Einige Väter räuspern sich, bringen den Arm in die Höhe. Ich seufze erleichtert auf. Das lassen wir also doch nicht so einfach mit uns machen.

Der erste setzt an: „Habe ich das richtig verstanden, dass ...?" Ja, er hat richtig verstanden. Das Ding ist in den Sand gesetzt, wir alle werden nichts mehr daran ändern können. Zu dieser „Vorfi" sind zu wenige Schüler gekommen. Es hat mit den erhofften Einnahmen nicht so geklappt wie gedacht. Einzelheiten siehe Kleingedrucktes im Vertrag. Du liebe Zeit, es handelt sich also um richtige Verträge, die für diese „Vorfis" geschlossen werden! Verträge zwischen den verantwortlichen Schülern und dem Hallenbesitzer solcher Feten. Diese Nummer hat unsere Kinder vielleicht doch etwas überfordert. Selbst wenn die Mathe-LK hatten, hat das wohl effektiv nichts genützt.

Eine Mutter fragt mutig nach, ob denn keiner von den Lehrern einen Blick auf die ganze Sache geworfen hat. Ehrlich gesagt, ich weiß die Antwort darauf nicht mehr. Das Geld ist ja eh weg. Man sieht der Oberstufenleitung an, dass da außer Achselzucken jetzt nicht viel an Bewegung zu erwarten ist. Zuletzt wird der beichtende junge Mann vorn entlassen. Er hat uns noch versichert, dass bereits andere Aktionen ins Auge gefasst sind. Die sind wirklich fleißig, diese Abiturienten!

Einige Wochen später findet eine dieser Aktionen statt. Wohlgemerkt in unserer Küche. Lisanne und ihre Freundin backen wie die Weltmeister! Kuchen und Muffins mit und ohne Guss. Der Backofen ist sicher gute sechs Stunden am Laufen, meine Vorräte an Backzutaten bis zur Neige geleert. Das Haus duftet wie kurz vor einer Hochzeit. Morgen werden die Sachen verkauft, die wir Eltern vorfinanziert haben. Das Wort kenne ich ja jetzt schon. Auch mein Sohn wird sich morgen von seinem Taschengeld Kuchen finanzieren. Ich schüttele heimlich den Kopf. Irgendwie hängen wir andauernd mit drin, oder?!

Schlussendlich merken die Abiturienten, wie viel Zeit die Backnachmittage verschlingen. Holla, jetzt wird aber an Arbeitskraft gespart! Meine Große fragt, ob sie Geld für den Teig haben kann. Die ahnungslose Mama wird von Lisanne aufgeklärt: „Wir kaufen den beim Großhändler!" Vom Elterngeld natürlich …

Und das war's immer noch nicht. Der letzte Knaller kommt noch.

Einige Monate später gibt's wieder 'ne Einladung zu einer „Vorfi". Die ist dieses Mal ganz allein für uns Eltern. Wenn wir wollen, können wir uns dort auf unsere Kosten amüsieren. Damit leisten wir schon wieder einen wertvollen Beitrag für den Abiball. Irgendwie haben mein Bester und ich nach allem, was war, komplett keine Lust auf die „Vorfi". Wir bleiben glücklich zu Hause.

Wochen später sind wir endlich auf der Zielgeraden: Es ist so weit. In selbst finanzierter Festtagskleidung geht's auf zur Eventhalle. Es ist unser erstes Mal. Abiball 2014. Und wir dabei. Ein erhebendes, wunderschönes Gefühl! Mensch, was haben wir auf dem Weg dahin an Erfahrungen gesammelt! Unglaublich.

Wie gut, dass in ein paar Jahren der zweite Abiball auf uns wartet. Da sind wir dann erfahren und wissen, wie's läuft. Bis dahin ist auch noch genug Zeit, die Backvorräte aufzufüllen, ein wenig zu sparen und tiefenentspannt in die arbeitsintensive Abiphase zu gehen. Und danach wird aber gefeiert: Abiball, wir kommen!

„Wer über die Fehler anderer hinwegsieht,
gewinnt ihre Liebe."
Sprüche 17,9a HFA

*„Eines habe ich begriffen: Das größte Glück
genießt ein Mensch in dem kurzen Leben,
das Gott ihm gibt, wenn er isst und trinkt
und es sich gut gehen lässt bei aller Mühe."*
Prediger 5,17 (HFA)

6 Blitzlichtgewitter

Zack, gleißendes Licht dringt in mein Auge und ein Schrecken in meine Glieder! Bin geblitzt worden! Seit ich im Ruhrgebiet lebe, ist das leider öfter passiert.

Diesmal ertappt man mich noch auf ganz andere Weise, denn ich lande direkt in den Armen „meiner Freunde und Helfer". Wollte nur mal eben meinen Sohn samt Freunden zum Kino chauffieren. Nach sechshundert Metern ist die Fahrt zunächst beendet. Hab den Jungs im Auto zugehört und das Schild mit der Tempoangabe 30 km/h überhaupt nicht wahrgenommen. Eine Polizistin winkt mich ran, erlässt mir sogleich vier km/h, „weil heute Donnerstag ist". Wie gütig. Für die restlichen zehn zu schnell gefahrenen km/h darf ich zahlen. Gleich auf der Stelle.

Während die Beamtinnen mit mir verhandeln, brausen eine Menge Mitbürger mit fünfzig Sachen und mehr den Berg vor uns herunter. Und keinen interessiert's! Außer meinen Jungs. Die registrieren das entrüstet vom Rücksitz aus.

Minuten später sind die Damen fertig mit mir. Ich bin's auch. Bin wütend, frustriert und sauer. Das schöne Geld. Das hätte ja nun nicht sein müssen!

Der beste aller Ehemänner hat mich in den letzten zwanzig Jahren mehrfach aufmerksam gemacht, dass ich es mit den Tempoangaben ab und an nicht ganz genau nehme. Nun habe ich das schwarz auf weiß, was Uli mir ansonsten ins Ohr flüstert. Hätte ich doch mehr auf ihn gehört …

Einige Wochen später. Wir sind abends mit Freunden beim Griechen verabredet. Kurz vorher bekomme ich die SMS, dass ich meinen Mann vom Arbeitsplatz abholen soll. Ups! Ich bin noch nicht aufgehübscht. Und nun soll ich ihn auch noch abholen? Dann aber los!

Wenige hundert Meter vor Ulis Arbeitsplatz will ich in meine Zielgerade einbiegen. Da lande ich erneut in den Armen „meiner Freunde und Helfer": Sie haben sich bei Aldi auf dem Parkplatz geschickt platziert. Winken fleißig alle raus, die das Stoppschild an der Kreuzung übersehen haben.

Ob ich denn keins gesehen habe? Nein, das habe ich nicht. Schüttet ja auch wie aus Kübeln. Dem „guten Freund" allerdings berichten, dass ich meinem Ehemann einen Dienst erweisen wollte? Das wird nicht gut kommen. Also sage ich nichts davon. Stattdessen zahle ich. Das zweite Mal in diesem Jahr. Sind nur zehn Euro. Aber meine Stimmung ist hin. So ein Ärger. Schon wieder habe ich daheim etwas zu beichten.

Natürlich ändere ich jetzt mein Leben! Zweimal zahlen reicht ja wohl, um sich in Zukunft am Riemen zu reißen. Ich bin ein sparsamer Mensch und will auf keinen Fall weiterhin Geld verschenken.

„Ehrenwort, Familie!"

Es gibt dazu keine Gegenrede. Zu meiner Unterstützung klebe ich mir die letzte Nachricht von der Polizei mit einem schrecklichen Foto von mir neben unser Lenkrad. Na, wenn das nicht hilft, was dann?! Sehe darauf aus wie kurz nach einem Autounfall mit Totalschaden!

Meine guten Vorsätze gelingen! Mindestens ein halbes Jahr läuft alles super mit mir. Artig halte ich mich an viele Geschwindigkeitsbegrenzungen.

Aber danach …! Bin auf der Rückfahrt von einem Vortrag in Eisenach. Samstagmittag fahre ich bestgelaunt wohl satte vierzehn km/h zu schnell. Zack, das Blitzlichtgewitter geht hernieder!

„Neeein!", rufe ich noch, völlig frustriert und entsetzt.

Anschließend kommt aber das eigentlich Schlimme: Ich nehme mir im ersten Schrecken vor, die ganze Sache zu verheimlichen. Mein Mann arbeitet ja im Büro, wenn die Post kommt; der wird den Umschlag mit der Rechnung gar nicht mitbekommen. Kann ich ja einfach abfangen und überweisen.

Zum Glück merke ich sehr schnell, dass das die schlechteste aller Ideen ist.

Heimlichkeiten dieser Art? Wie soll Uli mir vertrauen können, wenn das später doch mal rauskommt? Mit gutem Recht würde er dann vielleicht auch in anderen Situationen nachfragen. Unser Vertrauen soll doch nicht brüchig werden – nur wegen ein paar Euro gerechter Strafe!

Meine Gedanken rotieren. Fällt mir denn keine bessere Lösung ein?

Doch, ich hab's! Ich will ihm alles ehrlich erzählen und das Geld „zurückerstatten". Nur wie?

Ich könnte auf die super-superwirksame Gesichtscreme

mit jeder Menge Tiefenwirkung verzichten. Stattdessen für ein halbes Jahr Discounter-Produkte nehmen. Sooo schlecht sind die ja auch nicht. Und ein halbes Jahr ist ja auch schnell rum ...

Plötzlich muss ich lachen, hinter dem Lenkrad.

Ja, lebe ich denn im Mittelalter?! Denke ich denn wirklich, ich muss meinen Fehlern in unserer Ehe so begegnen, dass ich Versäumnisse abarbeite? Gibt es keine Gnade für mich, weil ich mir keine gebe? Ich komm doch direkt aus der Luther-Stadt Eisenach. Luther hätte sich für mich im Grabe umgedreht, wenn er von meinen Gedanken wüsste! Der war vor fünfhundert Jahren schon weiter als ich heute, dieser Fachmann in Sachen Gnade. Ich schüttele also erneut den Kopf über mich. Kerstin, was denkst du dir manchmal so zusammen!

Und zu Hause? Da fasse ich nach ein paar Tagen Mut und erzähle meiner Familie, was mir passiert ist. Ich sehe in drei grinsende Gesichter. Erwähne auch die Idee mit der Discounter-Creme. Dazu sagt keiner was. Auch nicht den Spruch, dass ich Tiefenwirkungs-Cremes ja gar nicht nötig habe bei meinem Aussehen. Hab sie wahrscheinlich doch nötig, weil jedes Knöllchen garantiert meine Sorgenfalten vermehrt hat.

Vier Wochen später ist Weihnachten. Ich bekomme ein kleines Päckchen von meinem Mann. „Aber Schatz, wir wollten uns doch gar nichts zu Weihnachten schenken!"

„Stimmt", sagt mein Bester ungerührt, „aber dies musste sein!"

Ich ahne schon vorher, was es ist: Gesichtscreme von L'Oréal mit einer Menge Tiefenwirkung, versteht sich. Auf dem Deckel steht ein kleiner, unendlich wichtiger Hinweis: „Psalm 32,2: Ja, der ist wahrhaft glücklich zu nennen, dem der Herr die Schuld nicht anrechnet und der durch und durch aufrichtig ist."

Steht da. Genau so. Volltreffer! Gott trägt aufrichtigen Leuten nichts nach. Wie sollte ich mir dann selbst etwas nachtragen? Oder wieso sollte es der Ehepartner tun?

Seit Weihnachten hat der Blitzerkasten übrigens nicht mehr gewittert, wenn ich vorbeifuhr. Dafür habe ich bei jedem dieser Kästen eine Menge guter Erinnerungen. Ich denk so gern an Männer: Sohn Nils, Polizisten, Luther und vor allem den besten aller Ehemänner!

Und ich denk an das, was Gnade ist!

> *„Ja, der ist wahrhaft glücklich zu nennen,*
> *dem der Herr die Schuld nicht anrechnet*
> *und der durch und durch aufrichtig ist."*
> Psalm 32,2 (NGÜ)

> *„Liebe verletzt nicht den Anstand und sucht*
> *nicht den eigenen Vorteil, sie lässt sich nicht*
> *reizen und ist nicht nachtragend."*
> 1. Korinther 13,5 (HFA)

7  Alltagshirte

„Guten Morgen, mein lieber Schatz! Alles Gute zum Alltag!"

Diesen Satz kann unser technisch begabter Wecker von sich geben – mit meiner mutmachenden Stimme! Man höre! Es ist das Erste, was ich auch an diesem Mittwochmorgen mitbekomme.

Trotzdem wäre ich eigentlich fast lieber im Bett liegen geblieben, als mir meine Pflichten einfielen. Decke über den Kopf? Augen fest zukneifen? Nützt ja doch nichts. Also raus aus den Federn und durchstarten. Kaffeemaschine anwerfen und den Tag planen.

Es gibt ja Tage, da hat man noch Spielraum. Häufig ist es ziemlich egal, ob ich gerade heute zwei Körbe voller Wäsche wegbügele und mindestens drei Seiten am Buchmanuskript schreibe oder eben nicht. Aber an diesem Mittwoch wird es keinen Spielraum geben. Denn am nächsten Tag will ich verreisen.

Ich gehöre nicht zu den Müttern, die einfach mal weg sind. Das bringe ich nicht. Meine Leute haben ja auch ihren Alltag zu stemmen. Wenn ich mir Gutes gönne, versuche ich es ihnen leicht zu machen. Obwohl meine Freundin Anni die Augen verdreht, wenn sie davon hört. Die fährt halt einfach – und ist dann mal weg!

Also, mein Mittwoch heute wird Pflichttag – erst morgen kommt die Kür: erzählen, lachen, abschalten, entspannen. Freundinnen am alten Heimatort treffen! Prost auf's Leben!

Gilt das heute trotzdem: Alles Gute zum strammen Alltag?

Morgens beim Frühstück lesen wir immer einen kurzen Text. An diesem Mittwoch geht es um einen Ausschnitt aus einem uralten Gebet, aus Psalm 23. Frustriert denke ich: „Schöne Worte, aber für mich werden die heute wohl keine Bedeutung haben. Der Tag wird eben stressig."

Mit einem Mal aber schießt es mir durch mein Pflichtgehirn: Und was ist, wenn dieser Psalm gerade heute für mich entscheidend ist? Weil sich Gott gerade heute um mich kümmert? Mitsamt meinem vollen Tagesprogramm? Wäsche, Einkauf, Suppe vorkochen, Instrumentalschüler unterrichten und was weiß ich nicht noch alles.

Könnte es sein, dass Gott mich gerade heute versorgt, während ich für andere sorge? Was ist, wenn ihm das nicht egal ist, wie ich durch diesen Tag komme? Gehetzt oder gelassen? Ich will doch Gott nicht vertagen auf Donnerstag!

Dieser mir ach so bekannte Psalm bewirkt, dass ich mir für meinen Mittwoch Folgendes vornehme: „Tue deine Pflichten, aber hetze dich nicht. Tue sie ruhig und besonnen! Und vertraue deinem Gott! Übersieh die Tankstellen nicht!"

So richtig vorstellen kann ich mir das noch nicht, wie

der Tag leichter werden soll. Aber ich lass mich jetzt einfach mal vom Guten überraschen ...

Bereits um kurz vor elf bin ich mit dem Großeinkauf fertig. Normalerweise brauche ich wesentlich länger dafür. „Wenn es so gut weitergeht, dann werde ich mir sogar eine Walking-Runde gönnen können", denke ich.

Dreißig gute Minuten an der frischen Luft! Hatte ich eigentlich für heute abgeschrieben. Die Wäsche werde ich deshalb einfach liegen lassen. Kann ja mal ein anderer von Wendels aufhängen.

Bei meiner Großen fällt plötzlich Physik aus. „Mama, wenn du schon um kurz nach eins das Mittagessen fertig hast, könnte ich sogar noch essen, bevor die achte Stunde anfängt." So Lisanne zu Hause zu mir, während ich meine Laufsachen zusammensuche. Da liege ich gerade so gut in der Zeit, dass ich selbst das noch hinkriegen werde.

Alles läuft rund und schön heute! Ich bin richtig fröhlich! Ist denn nicht heute eigentlich mein Pflichttag?!

Während ich den Einkauf verräume und die Suppe vorkoche, nistet sich ein Glücksgedanke bei mir ein: „Einer ist mein Versorger! Der, der mir beisteht, egal, was ansteht: mein Gott!"

Abends habe ich doch tatsächlich meinen Alltagsmittwoch produktiv geschafft. Habe Pausen gemacht, öfter mal mit Gott geredet und manches einfach gelassen. Jetzt ist meinen Leuten der Kühlschrank gefüllt – und mir die Seele mit Lebensfreude.

Das Wichtigste von heute sind allerdings nicht die kleinen Häkchen auf meinem Zettel, nach dem Motto: Erledigt! Auch nicht, dass nicht überall Häkchen stehen! Nein, das Wichtigste ist eine feste, schöne Gewissheit im Herzen: Habe Gott getroffen, der sich um mich kümmert! Er sieht meinen ganz normalen Alltagskram, sieht die To-dos jeden Tages.

Ich versuche, meiner Familie den Tag leichter zu machen – er tut es bei mir. Und das mit Umsicht und Freundlichkeit. Der Alltagshirte ist bei der Arbeit. Ich lasse es zu. Ich lasse machen.

Beim Abendessen erzähle ich meinen Leuten von allem Guten an diesem Mittwoch. Ich ernte Mitfreude. Höre aber auch von der Sehnsucht, es ebenso leichtgängig erleben zu wollen. Die Pflichten sollen bitte schön schneller und entspannter erledigt sein als erwartet. Tankstellen sollen da sein und bitte lange nachwirken.

Stimmt, es gibt Tage, die sind mühsam. Aufgaben ziehen sich unendlich hin. Tankstellen sind rar.

Aber heute habe ich Gott besonders „machen lassen" und eben auch besonders gespürt.

Ob es das war, was mir leichte Füße und einen entspannten Kopf gab?

Jedenfalls will ich das bald wieder probieren. Am besten am kommenden Montag. Da bin ich nämlich wieder zurück. Willkommen im Alltag!

Bevor ich ins Bett gehe, will ich noch etwas besprechen. Diesmal aber nicht mit der Familie. Ich will etwas mit dem Alltagshirten klären, meinen eigenen Psalm beten:

„Gut, dass du da bist, Gott! Ich brauch dich! Möchte

mein Leben mit dir teilen, nicht allein rumwerkeln. Du versorgst mich in Alltagen und Auszeiten. Du gibst leichte Gedanken und lohnende Tankstellen. Mein Tag ist gut, weil ich deine Ruhe in mir spüren kann. Ganz ehrlich: Gefehlt hat mir heute nichts!"

„Der Herr ist mein Hirte. Nichts wird mir fehlen.
Er weidet mich auf saftigen Wiesen und
führt mich zu frischen Quellen.
Er gibt mir neue Kraft. Er leitet mich auf sicheren
Wegen, weil er der gute Hirte ist."
Psalm 23,1-3 (HFA)

„Als er die Scharen von Menschen sah, ergriff ihn
tiefes Mitgefühl; denn sie waren erschöpft und
hilflos wie Schafe, die keinen Hirten haben."
Matthäus 9,36 (NGÜ)

8 Aufstehen!

Zum Schluss ging es richtig schnell.

Mein Onkel war schon lange krank gewesen. Dann starb er an einem Sonntagabend, weil Gott ihn friedlich einschlafen ließ. Wenige Tage später bin ich auf seiner Beerdigung in Fulda. Viele liebe Menschen sehe ich nach Jahren wieder!

Hey, da ist Jürgen, mein Cousin, wie schön! Er ist der einzige Sohn, den mein Onkel hatte. Durch tragische Umstände während der Geburt muss er mit Handicaps leben. Seine Arme und Beine funktionieren nur eingeschränkt. Ebenfalls das Sprechen. Das liegt an spastischen Lähmungen. Natürlich hat das viele, viele Folgen.

Er trägt Spezialschuhe, braucht Hilfe bei alltäglichen Dingen („Wer schließt meinen Hemdknopf?"), benötigt ein speziell umgerüstetes Fahrrad. Er kann nicht joggen, geschweige denn Inliner fahren. Er kann keine Briefmarken in Alben kleben. Er kann kein Streichinstrument erlernen. Er braucht für manches enorm viel Zeit. Er hat Schmerzen aufgrund der verkürzten Muskulatur und benötigt Behandlungen.

Wie schön, ihn jetzt zu sehen! Und schon kommen Erinnerungen an früher hoch: Vor zig Jahren hat er mich stolz in seinem Scirocco durch die Gegend kutschiert! Ja, ja …

Heute ist nun Beerdigungstag seines Vaters. Es gibt auch eine Nachfeier in einem Gemeindehaus. Ich liebe diese Feiern, nehme von manchem, was gesagt wird, etwas mit für mein trubeliges Alltagsleben. Denn verschiedene Beiträge lassen das Leben des Verstorbenen dabei warm und lebendig werden. Jetzt greift Jürgen nach dem Mikrofon. Er erzählt eine Erinnerung. Ganz kurz ist die und liegt lange zurück ...

Das Laufen sollte Jürgen lernen. Für ihn wohl viel mühsamer als für viele andere Kinder. Aber vielleicht doch nicht unmöglich? An einem der zahlreichen Trainingstage geht er mit seinem „Pappi" auf einer nahe gelegenen Kuhweide zum Üben. Dann fällt er hin, wie so oft. Und was sagt sein Vater zu ihm?

„Aufstehen, Jürgen, aufstehen! Immer wieder aufstehen und weiter."

Mühsam bringt Jürgen die Worte heraus, aber ich kann sie doch verstehen. Stelle mir lebhaft vor, wie Jürgen sich damals zwischen den Kuhfladen hochrappelt. Er will doch auch auf die Füße kommen – wie alle anderen! Egal, wie unsicher seine Füße sind. Will es schaffen: selbst aufstehen. Irgendwann! Wieder und wieder wird er diese Worte gehört haben. Geduldig und liebevoll, motivierend und unterstützend!

Sein Vater wusste, wie wichtig das gerade für Jürgen war. Er glaubte an ihn. Er hoffte auf seine Lebenschancen trotz seiner Einschränkungen. Deshalb ermutigte er ihn. Auf diese Weise begleitete er die manchmal mehr als mühsamen Trainingseinheiten seines Sohnes. Keine Ahnung, wie oft er diese Worte wiederholte! Der Vater wollte, dass sich damit Türen für seinen Sohn öffneten … Und das hat tatsächlich geklappt! Beachtlich! Er wird geahnt haben, dass sein Sohn in vielen, vielen Situationen seines Lebens wieder wird aufstehen müssen. Und so hat er „trotz allem" arbeiten gelernt, lieben, Familie gründen, Fahrrad und Auto fahren! Enorm!

Aufstehen ist angesagt, auch wenn der Alltag viel von einem eingeschränkten Menschen fordert.

Weitermachen, auch wenn schon ganz simple Dinge wie Anziehen oder Essen viel Kraft benötigen.

Ja sagen zum Leben, auch wenn man täglich Menschen sieht, die es leichter haben als man selbst.

Das Leben leichtnehmen, auch wenn es schwer ist.

Aufstehen, wenn man nicht nur unterstützende, ermutigende Menschen trifft.

Weitermachen, auch wenn man schräge Blicke, falsches Mitleid oder gar Missachtung spürt. Ausdauernd sein, auch wenn es so immens viel innere Kraft und Disziplin kostet.

Dem Leben mal wieder mit einem Augenzwinkern begegnen!

„Aufstehen!"

Vielleicht hat Jürgens Vater damit nicht nur seinen Sohn motivieren wollen. Vielleicht hat er sich sogar selbst damit Mut zugesprochen. Weil das Großziehen eines Kindes mit Handicap eben auch viel Einsatz von einem Vater verlangt!

Heute, Jahrzehnte später, fällt Jürgen dieses Schlüsselwort seines Vaters wieder ein. Er spürt, wie liebevoll er ins Leben begleitet wurde. Hört aber auch die Herausforderung. Gerade jetzt nach dem Tod des Vaters heißt es neu wieder aufzustehen! Aufstehen – mit Ausrufezeichen. Ein echtes Lebenswort! Eine Ansage für ihn selbst – und für alle, die es auf der Beerdigung hören wollen.

Jürgen ist kein Dreikäsehoch mehr, ist lange schon jenseits der fünfzig! Er kann seine Füße voreinander setzen und sein Gleichgewicht halten. Meistens jedenfalls. Heute stehen andere Situationen an, in denen es wichtig ist, sich nicht entmutigen zu lassen. Vielleicht heißt es, seine Frau und seine Kinder zu lieben, seinen Beruf auszufüllen, sich um seine Gesundheit zu kümmern? Trotz und mit allen Einschränkungen! Leise lächelnd mal wieder „trotzdem" sagen!

Zwar fehlt ihm nun der Vater, der „Pappi", der so gut ermutigen konnte. Zum Glück kennt Jürgen aber noch einen anderen Vater. Der lebt nach wie vor. Ist zeitlos, unermüdlich, geduldig und stark. Sein himmlischer „Ermutigungsvater".

„Aufstehen!"

Als kleiner Steppke hat Jürgen von seinem Vater ein Schlüsselwort für sein Leben gehört. Wie viele Türen hat ihm das geöffnet! Wer hätte das gedacht?

Wie das passte!

Es passte nicht nur zum Laufenlernen.

Es passte auch zum Lebenlernen.

„Denn Gott hat uns nicht einen Geist der Ängstlichkeit gegeben, sondern den Geist der Kraft, der Liebe und der Besonnenheit."
2. Timotheus 1,7 (NGÜ)

„Wir sind also von einer großen Schar von Zeugen umgeben, deren Leben uns zeigt, dass es durch den Glauben möglich ist, den uns aufgetragenen Kampf zu bestehen. Deshalb wollen auch wir – wie Läufer bei einem Wettkampf – mit aller Ausdauer dem Ziel entgegenlaufen. Wir wollen alles ablegen, was uns beim Laufen hindert, uns von der Sünde trennen, die uns so leicht gefangen nimmt."
Hebräer 12,1 (NGÜ)

9 Lochmühlen-Fan

„Ach, Mama und Papa, können wir in diesem Jahr noch mal zur ‚Lochmühle' fahren? Am besten mit Großmanns. So wie früher!" Diesen Retro-Vorschlag tischt Lisanne der Familie beim Abendessen auf. Ich gebe zunächst gar nichts auf diese Idee. Wohlgemerkt: Unsere Große wird in einigen Monaten achtzehn Jahre alt! Meint sie wirklich *den* Freizeitpark ihrer Kindheit, die sogenannte „Lochmühle"??? Das wird schon nicht ihr Ernst sein.

Es ist ein wunderschön angelegtes Gartengelände in Hessen mit Karussells, Grillplätzen, Blumenbeeten, Bach und Streichelzoo. Die meisten Aktionen eher für Jüngere.

Ach, da gibt es auch noch dieses schrecklich schnelle Ding namens Eichhörnchenbahn! Albträume aktivieren sich, wenn ich an diese Bahn denke, in der jedes echte Eichhörnchen einen Drehschwindel bekommen würde! Manche Mamas dazu noch starke Übelkeit! Egal, von der Eichhörnchenbahn mal abgesehen bin ich ein echter Lochmühlen-Fan! Ablenkung, Adrenalinkick, Action! Aber mit achtzehn?!

„Wir machen genau an der gleichen Stelle Picknick wie immer", so Lisanne, „und Großmanns müssen mit, wie damals." Sie sprudelt nur so los mit vielen Ideen, wie der

Tag gestaltet werden soll. Bruder Nils ist längst gewonnen für die Lochmühle. Unsere Große ist tatsächlich so motiviert, dass sie umgehend eine Mail an Großmanns schreibt, Terminvorschlag inbegriffen.

Hat sie eigentlich bedacht, dass wir mittlerweile gar nicht mehr in Hessen wohnen? Es wäre ja eine richtige kleine Reise für uns.

„Das macht doch nichts, Mama, das schaffen wir doch!" Ein gutmütiger Schulterschlag für Mama. Sie meint es also wirklich ernst. Und, werden wir das für unsere Kinder einrichten?

Einige Wochen später ist klar: Großmanns können nicht. Mama aber blättert im Kalender und überlegt, ob wir das nicht wenigstens zu viert hinbekommen. Am dritten Oktober? Lisanne wird noch gut ein Jahr zu Hause sein. Weil die Zeit in Siebenmeilenstiefeln rennt, will ich plötzlich nichts mehr verschieben, sondern sage mir: Jetzt können wir noch! Wir können ihr noch Wünsche erfüllen. Selbst die Lochmühle mit achtzehn!

Papa sieht das auch so. Trotz der Autofahrt von mindestens vier Stunden an einem Tag. Egal, macht man nicht gern manchmal etwas Besonderes für seine Kinder?

Der 3. Oktober rückt näher. Ich plane unser Picknick. Lisanne hingegen überlegt, wie sie denn ihre anderen Unternehmungen mit der Lochmühle unter einen Hut bekommt.

„In der Nacht vorher feiert doch Anna ihren Achtzehnten, da bin ich doch eingeladen. Das ist aber kein Problem, Mama."

Neeein, bei Lisanne gibt es nie Probleme! Jedenfalls nie, wenn Feste und Events und Happenings unter einen Hut gebracht werden müssen. Leben bis ans Limit. Sie weiß schon, wo sie in der Feten-Nacht pennt. Um ihre Eltern zu schonen, hat sie sich andernorts ein Nachtquartier besorgt. Pro-elterliche Fürsorge! Ich staune!

Also, Lisanne wird dann ja nicht mithelfen, Picknick vorzubereiten, die ist ja feiern. Auf meine Anfrage antwortet sie: „Ach, das kann Nils doch machen." An Ideen fehlt es Lisanne einfach nie! „Ich helfe dann hinterher!", setzt sie noch nach.

Gut, darauf kann ich mich einlassen.

3. Oktober! Im Freizeitpark angekommen, wird mitgenommen, was nur geht: Wir rasen zu viert auf dicken Matten die Riesenrutsche runter, fahren kleine mamataugliche Kinderkarussels. Bei der Eichhörnchenbahn gucke ich zu. Der Rest der Familie lässt sich durcheinanderwirbeln, lacht, stöhnt, leidet und genießt. Wir üben sogar das Fahren mit Holzflößen auf einem kleinen Bach. Fast alle sind wieder an Land, da macht es „platsch"! Nach achtzehn Jahren Leben mit Kindern wissen wir dieses Geräusch zu deuten.

Nils, unser ansonsten in Natur-Erfahrungen sehr geübter Ranger[1], ist danebengetreten. Der Kerl ist bis zur Hüfthöhe nass. Seine geliebten Nike-Turnschuhe natürlich eingeschlossen. Ein Missgeschick. Was nun? Wir hatten noch so viel vor …

Lisanne hat wie immer Ideen. Davon lassen wir uns doch den Retro-Tag nicht vermiesen! Gesegnet sei die

Fete bei Anna, weswegen sie jetzt noch Klamotten im Auto hat. Nils wird auf die Herrentoilette geschickt, die nassen Sachen auszuziehen. Papa steht daneben und fönt die Schuhe. Und wir Frauen sortieren Kleidungsstücke.

Sooo … Wenn ich mich in die Chucks von Lisanne zwänge, sie die Schühchen von der Fete anzieht, dann bleiben für Nils noch meine trockenen Turnschuhe übrig. Minuten später geht's weiter. Ich krieg nur noch Trippelschrittchen hin, weil die Schuhe drücken.

„Passt schon, Mama!"

Und so toben wir weiter durch den Park – bis fünf Minuten vor Toresschluss.

Spätabends kommen wir im Dunkeln wieder zu Hause an. In weiser Voraussicht erfolgt eine kleine Ansage, wie sich das Aufräumen gleich gestalten soll.

Doch wir merken, dass der Retro-Tag tatsächlich ein Retro-Tag ist – in jeder Hinsicht! Hatten wir Eltern etwa erwartet, dass unsere Teens jetzt dankbar und motiviert aufräumen helfen? Gab es von der „großen" Lisanne da nicht ein Versprechen einzulösen?

Von wegen! Tochter und Sohn sind hundemüde. Die Eltern nicht weniger. Der eine Teenie verschwindet auf Toilette. Das kann dauern. Und der andere verzieht sich ins eigene Zimmer! Das dauert erst recht. Und wir? Wir sind ein wenig säuerlich. Wir tun nämlich viel für unsere Kinder, aber nicht immer alles!

Schlussendlich räumen wir an diesem Abend das Auto allein aus und überlassen jedem Teenie Reste zum Aufräumen. Da dürfen sie sich morgen früh drum kümmern.

Wie heißt es so schön? Es gibt für unsere Kinder noch „Handlungsfelder".

Aber! Großes Aber: Wir Eltern lassen uns davon unseren Lochmühlenspaß nicht verderben! Schön war es heute und wirklich fast „wie immer". Ja, manchmal ist es gut, den Kindern so viel zu geben, wie es nur geht. Autofahrten, Adrenalinkick und Trippelschuhe mit eingerechnet.

Und: Wir sind und bleiben Lochmühlenfans! Es war uns eine Ehre, Lisanne!

„Würde jemand von euch seinem Kind einen Stein geben, wenn es um ein Stück Brot bittet? Oder eine giftige Schlange, wenn es um einen Fisch bittet? Wenn schon ihr hartherzigen Menschen euren Kindern Gutes gebt, wie viel mehr wird euer Vater im Himmel denen Gutes schenken, die ihn darum bitten!"
Matthäus 7,9-11 (HFA)

„Deshalb singe ich ein Loblied auf die Freude! Es gibt für einen Menschen nichts Besseres auf der Welt, als dass er isst und trinkt und sich an seinem Leben freut. Das wird ihn während seines ganzen Lebens, das Gott ihm gibt, und trotz aller Mühe, die mit seiner Arbeit verbunden ist, begleiten."
Prediger 8,15 (NLB)

10 Countdown

Für Lisanne

Vor achtzehn Jahren und sechs Monaten hat er begonnen. Der Countdown. Lisanne, damals heiß ersehnt, wird nun gehen. Groß und selbstständig ist sie geworden. So ist das mit den Kindern!

Irgendwie hab ich es die ganzen Jahre nicht so richtig wahrhaben wollen. Ein wenig geahnt vielleicht. Denn weise Worte anderer Eltern drangen an mein Ohr: „Pass bloß auf, genieß die Zeit, das geht alles sooo schnell!"

Damals, als ich diese Sätze hörte, war jeder Tag wie eine Ewigkeit. Die Kinder klein, die Kräfte gering. Die Jahre vor mir schienen unvorstellbar lang. Jetzt bin ich da, wo damals die anderen Eltern mit ihren Erfahrungen waren. Schlagartig spüre ich: Diese weisen Eltern hatten ja recht! Es ging wirklich alles sooo schnell.

In sechs Wochen werden wir Lisanne zu ihrem FSJ-Platz an die Nordsee bringen. Ich habe schon angefangen, Kartons für den Umzug zu sammeln. Die sehe ich also täglich im Keller stehen. Von daher weiß ich: Der Countdown läuft. Abschiedsstimmung um mich herum und in mir drin. Herbst im Herzen.

Überall ist es jetzt das letzte oder fast das letzte Mal: Gestern Abend das letzte Mal, dass wir gemeinsam zu einer Veranstaltung unserer Kirchengemeinde fahren.

Ich sehe sie neben ihrem Bruder zum Auto gehen, unbekümmert und fröhlich. Und da ist wieder die zarte innere Stimme: Das ist jetzt wahrscheinlich das letzte Mal! Trauer steigt in mir hoch! Ich ahne: Das ist wohl erst der Anfang …

Drei Tage später werden gute Freunde aus Hamburg angereist kommen. Fünf, manchmal sechs Kinder, sind bei diesen Treffen immer zusammen. Mittendrin als Älteste meine Tochter. Genauso verspielt und ganz Kind wie all die Jüngeren. Was für einen Spaß hat die Truppe miteinander! Häufig verabschiedet sich diese Kinderschar mit lautem Gebrause, um Stunden später wieder heimzukehren. An den Füßen Schuhe, die man nicht mehr wiedererkennen kann. Stehen nicht die letzten verkrusteten noch im Waschkeller bei uns? „Gruppenfoto" bei unseren Treffen war Pflicht. Dafür hat Lisanne regelmäßig gesorgt. Auf dem übernächsten wird sie fehlen. Schluck!

Eine Mutter-Tochter-Aktion ist auch noch geplant: Ich möchte ihr einen Reisekoffer kaufen, damit sie von ihrem FSJ-Ort aus „gut gepackt" wegkommt. Sie will ja bestimmt mal zu Freunden fahren. Vielleicht auch zu uns? Nach dem Kofferkauf soll's noch ins Café gehen, einen Kakao trinken oder ein Eis essen. Das letzte Mal in unserer Stadt, vorerst … Erstaunlicherweise überstehe ich diese Aktion emotional ganz gut.

Zwölf, elf, zehn. In zehn Tagen haben wir die erste Abschiedsfeier. Der Countdown läuft und läuft!

Also, ich habe schon Übung im Loslassen, so ist es nicht. Nach sieben Umzügen und einer Lebenskrise kommt man am Loslassen logischerweise nicht vorbei. Auch Lisanne habe ich natürlich schon tausendmal losgelassen: in den Kindergarten, die Schule, zu Spontan-Übernachtungen bei Freundinnen, auf Reisen zu den Großeltern. Manchmal ließ ich sie mit Bauchgrummeln ziehen. Schwierige Arztbesuche, Prüfungen, Klassenfahrten. Aber schwupps, ehe man sich versah, war das Töchterchen wieder da. Übersprudelnd von Erlebnissen! Im Schlepptau meist große, überfüllte Taschen. Öfter auch Berge von schmutziger Wäsche in denselben. Und tipptapp hörte man im Haus wieder ihre beherzten fröhlichen Schritte auf der Treppe, mindestens zwei Stufen auf einmal nehmend.

Nun aber werde ich diese Schritte erst mal nicht mehr hören. Höchstens im Traum oder meinen Gedanken. Das ist klar. Das ist normal.

Trotzdem muss ich natürlich schlucken, jetzt, wo tausend Erinnerungen in mir hochkommen. Ich bin nicht einsam, wir sind ja immer noch zu dritt zu Haus. Habe genug wertvolle Arbeit, beglückende Beziehungen und erquickende Hobbys. Ich mag mein Leben! Alles gut so! Nein, das ist es nicht, was mich schlucken lässt.

Es ist schlicht und ergreifend das, was man wohl Liebe nennt.

Da habe ich also vor über achtzehn Jahren eine Tochter bekommen, einen wildfremden kleinen Menschen, den keiner kannte. Keiner außer Gott. Ich war die Erste, die diesen kleinen Menschen kennenlernen durfte.

Wer bist du, Lisanne?

Sie hat mir dann in den Jahren vieles gezeigt: wer sie ist, wie ich sie behandeln darf und wie nicht. Das war alles sehr spannend und herausfordernd. In keinem Erziehungsbuch haben diese Details gestanden. Es hat sich so entwickelt zwischen uns. Auch das, was an Gefühl füreinander da ist. Das, was man Liebe nennt. Dass man einen anderen Menschen in der ganzen Tiefe seines Seins annimmt. Unterschiedliche Biorhythmen und Essensvorlieben, Charakterzüge und Ordnungsvorstellungen, PC-Konsum und Sonntagsideen inbegriffen!

Aber auch, dass man Gemeinsames miteinander teilt. Vorlieben für Natur und Meer, Gott und Menschen, Ehrlichkeit und Gastfreundschaft. Tausendmal haben wir gestritten miteinander, immer wieder uns versöhnt. Zum Glück! Tausendmal gelacht, aber auch uns gegenseitig herausgefordert. Wir haben Leben geteilt. Mal mehr, mal weniger. Ganz nah an der Mutterbrust, dann auch wieder mit Abstand voneinander.

Das ist der Grund, warum der Countdown so wehtut und schmerzt.

Gleichzeitig bin ich ganz gelassen und froh.

Verrückt. Wie geht das denn?!

Es liegt an Lisanne. Und es liegt an Gott!

Tochter, du hast dich mir und manch anderen gezeigt: eine richtig tolle, wertvolle, begabte, hübsche junge Frau! Du wirst dich so auch in der neuen Heimat an der Nordsee anderen zeigen. Und du wirst weiterhin lieben. Menschen, die du bisher geliebt hast. Außerdem die vielen anderen, die du noch nicht kennst. Hey, da ist Frühlingsglück in meinem Herzen!

Natürlich wird jetzt „alles anders" zwischen uns – oder stimmt das vielleicht nicht so ganz? Liebe ist das, was bleibt, auch wenn sich vieles ändert. Du wirst mich an die Hand nehmen und mir zeigen, wie du das in Zukunft haben willst. Vielleicht läuft es so: beieinander sein und sich verabschieden und loslassen. Einander aus der Ferne begleiten und dann wieder aus dem Blick verlieren. Dann wieder sich annähern? Mal sehen, ob es so wird.

Egal, was passiert: Gottes Segen geht mit uns beiden! Für den gibt es keinen Countdown, der ist alle Tage gut und neu. Selbst nachts. Gottes Segen ist aktiv in Kleinstädten wie Wetter an der Ruhr. Ebenso in Dörfchen an der Nordsee.

Gottes Segen sei mit dir!

Diese liebevolle, große, bewahrende, stärkende und schützende Kraft. Darin sind wir aufgehoben: Mutter und Tochter. Das ist Lebensglück!

Vor, in und nach dem Countdown!

Also, geh mit Segen!

„Jedes Ereignis, alles auf der Welt hat seine Zeit:
Geboren werden und Sterben,
Weinen und Lachen,
Klagen und Tanzen,
Umarmen und Loslassen,
Suchen und Finden,
Reden und Schweigen.
In das Herz des Menschen hat er den Wunsch
gelegt, nach dem zu fragen, was ewig ist.“
Prediger 3,1.2a.4.5b.6a.7b.11b (HFA)

„Der Herr denkt an uns und wird uns segnen.
Sein Segen gilt allen, die ihn achten, ganz
gleich, ob unbedeutend oder einflussreich."
Psalm 115,12a.13 (HFA)

11 Erzfeinde

Zum Entspannen hab ich sie meinem Besten einmal geschenkt: die Holzstühle auf dem Balkon. Meine Güte, die könnten auch mal wieder einen Anstrich vertragen! Am besten noch in diesem Jahr. Dazu komme ich im Moment gar nicht. Könnte aber ja mal eben die Farbreste in den Dosen dafür prüfen.

Auf dem Weg in den Keller schaue ich in unseren Minigarten. Eine echte Oase für uns Ruhrgebietler! Aber der sieht ja aus wie ... O weh! Drei Wochen nichts gemacht! Merkt man! Sorgenfalten überziehen meine Stirn.

Zu allem Überfluss sehe ich dann im Keller nicht nur die Farbreste, sondern alles mögliche andere. Was sich hier alles stapelt! Mannomann, das haben wir auch wieder nicht geschafft! Eigentlich hab ich ja damit geliebäugelt, mich im Oktober noch für den Trödelmarkt anzumelden.

Mein Bester riet kopfschüttelnd ab: „Wer geht denn an einem strahlenden Oktobersonntag in eine stickige Halle auf den Trödelmarkt?" Recht hat er. Er weiß, dass ich mich mit solchen Aktionen in den letzten Jahren grundsätzlich überfordert hatte. Also, Ausmisten aufschieben! Seufz!

In den letzten Tagen geistern irgendwie alle Extras in Sachen „Haus und Hof" in meinem Kopf herum. Wo ich auch hinsehe, blickt mich nicht Gemachtes, Ungetanes, Ungepflegtes, Schmutziges an. Und das, obwohl bei uns regelmäßig geputzt wird. Ehrenwort. Bin ja eine Freundin von Meister Proper. Trotzdem: Aus vielen Ecken und Winkeln unseres Hauses grinst mich irgendetwas still und gleichzeitig vorwurfsvoll an. Wann willst du mich streichen, aufräumen, ausmisten, ölen, abschleifen? Das scheinen so manche Dinge mir zu sagen. Und dahin sind Lebensfreude und Arbeitslust!

Woher seid ihr traurigen Anklagegeister eigentlich gekommen? Irgendwo müsst ihr euch eingeschlichen haben! Etwa durch die Kellertür?

Ich denke an das Haus meiner Oma. Wir Kinder durften jederzeit in Omas Keller, dessen Tür vom Garten her unverschlossen war. Und durch den Keller ins Haus kommen. Ich hätte den Weg sogar blind gefunden: hinein in den Oma-Keller, durch verwinkelte Flure schleichen, an der kalten Wand entlangtasten, den Lichtschalter suchen, die ausgetretene Steintreppe finden und an deren Ende zuletzt einen megaaltmodischen Türschalter umlegen. Endlich stand ich im Flur meiner bettlägerigen Großmutter; musste nur noch an ihre Schlafzimmertür klopfen. „Hallo, Oma!"

Stand bei mir in den letzten Wochen auch so eine „Kellertür" offen?

Ins Haus meiner Oma kam ich unangemeldet – und war immer gern gesehen. Aufmunterung tat ihr gut. Meine unangemeldeten Gäste aber, was bescheren die mir? Sorgenfalten und falsche Lebenseinstellungen! Es sind keine netten Gäste, sondern wohl eher unheilvolle Feinde. Erzfeinde sogar. Ihre Namen? Ich kenne sie schon – sie heißen Perfektionismus, Überverantwortlichkeit, Überforderung.

Ertappt! An einem Freitagabend entlarve ich sie. Ein heilsamer Abend!

Da sitze ich in meiner Lieblingsecke, eine Zeitschrift vor der Nase. Wunderbarer Feierabend! Plötzlich werde ich hibbelig. Lese ich gerade von mir? Im Artikel ist die Rede von einer Frau, die vor Arbeitsbergen steht. Das Gefühl kommt mir doch bekannt vor! Arbeitsberge! Arbeitsberge gründlich und engagiert angehen wollen! Ob ich nun Zeit und Kraft dafür habe oder nicht! Da hab ich doch schon einen Erzfeind ertappt! Hat ein paar Tage gedauert, aber jetzt hab ich ihn! Und noch mehr von ihnen finde ich: Einige der Erzfeinde haben den Weg aus dem Keller herauf in die oberen Räume gefunden. Einer hat es sogar bis auf den Balkon geschafft, zu den Holzstühlen! Vor allem haben sie sich bei mir in Kopf und Herz eingenistet.

Die Frau schrieb im Artikel weiter: Drei Leben würde sie brauchen, um ihre zu hohen Ziele zu erreichen! Drei Leben! Die sie nicht hat!

Schlagartige Erkenntnis für mich, noch während ich lese: Drei Leben habe ja auch ich nicht! Ich habe zwei, eins auf dieser Erde und ein ewiges im Himmel. Das eine hier habe ich nicht bekommen, um mich und andere zu überfordern. Will ich wirklich Haus und Hof perfektionieren und dabei selbst aus dem letzten Loch pfeifen?

Meine mäßige Gesundheit verschaffte mir die wertvolle

Einsicht, meine Erzfeinde vor über zehn Jahren kennenzulernen. Manchmal muss es einem ja erst richtig dreckig gehen ...

Gott hat mir damals geholfen, ihnen in die Augen zu sehen. Instinktiv spürte ich, dass ich mich von diesen unguten Weggefährten zügig verabschieden sollte. Gleichzeitig war ich hilflos: „Wie soll ich das denn schaffen?", habe ich damals zu Gott gesagt.

„Du kannst es nicht", hat er mich schonend entlastet, „aber du weißt jetzt, auf welche Gebiete du achtgeben musst." Stimmt! Ich hab ja mein Leben bekommen, um es in Gottes Sinn gut zu gestalten! Fürsorglich leben? Ja! Für mich und meine Menschen Fürsorge tragen; dann erst für meine Sachen zu Hause! Das ist doch die gute Reihenfolge!

Jahrelang habe ich Ruhe gehabt mit den Erzfeinden. Lief richtig entspannt. Vielleicht war meine innere Kellertür zu? Ich weiß es nicht. Aber irgendwann sind sie also mal wieder eingezogen! Logisch! Ich habe ja ein wenig mehr Spielraum, seit Lisanne ausgezogen ist! Erst jetzt fällt mir das auf. Und hab ich den heimlich, still und leise verschenkt? Den Erzfeinden Raum gegeben?

Da sitz ich also im Wohnzimmer, wach, nachdenklich und ein wenig erschrocken über mich selbst.

Zum Glück weiß ich, was ich jetzt tun will. Ha, ich hab euch erkannt und werde euch nun freundlich und zügig zur Tür begleiten. Wir nehmen noch nicht mal den Weg durch den Keller. Nein, direkt raus mit euch. Tür auf, Tür zu!

Hier in meinem Lebenshaus lebe ich unter Gottes Schutz mein schönes Erdenleben! Kopf und Herz will ich mit guten Gedanken auskleiden lassen. Erzfeinde kann ich dabei nicht gebrauchen!

Adieu! Oder besser gesagt: Auf Nimmerwiedersehen!

„Ich setze nicht die Waffen dieser Welt ein, sondern die Waffen Gottes. Sie sind mächtig genug, jede Festung zu zerstören, jedes menschliche Gedankengebäude niederzureißen, einfach alles zu vernichten, was sich stolz gegen Gott und seine Wahrheit erhebt. Alles menschliche Denken nehmen wir gefangen und unterstellen es Christus, weil wir ihm gehorchen wollen."
2. Korinther 10,4-5 (HFA)

„Der Dieb kommt nur, um die Schafe zu stehlen und zu schlachten und um Verderben zu bringen. Ich aber bin gekommen, um ihnen Leben zu bringen. Leben in ganzer Fülle."
Johannes 10,10 (NGÜ)

12 Männerwirtschaft

Allein unter Männern! So lebe ich, seit unsere Große ausgezogen ist. Und es geht mir gut dabei. Meine Männer haben so ihre einmaligen Fähigkeiten. Davon darf ich profitieren.

Nehmen wir beispielsweise Taschentücher: Mein Bester hat eigentlich immer Tempos dabei. Immer! Wenn ich mir also mal wieder heimlich eine Träne beim Spielfilm wegwischen will, so geht reflexartig die Hand in die Hosentasche und mir wird geholfen.

„Danke, Schatz!", flüstere ich im Halbdunkeln des Wohnzimmers.

Oder mein Jüngster. Durch ihn habe ich Fortschritte im Ausbilden von Geschmacksnerven gemacht. Denn von ihm habe ich gelernt, dass Mann isst, wenn er isst! Da braucht man nicht so viele Worte und Widerworte, wie wir sie früher bei Tisch hatten, als meine Große noch da war. Nein, man kann doch mal Ruhe halten am Mittagstisch!

Nach und nach achte ich nun mehr aufs Essen als früher. Die mittägliche Stille lädt dazu ein, mich endlich mehr mit den gekochten Gerichten zu beschäftigen. Das bekommt meinen Geschmacksnerven richtig gut. Ach, so schmeckt das herrliche italienische Gemüse? Das ist ja richtig köstlich. War das denn immer schon so lecker? Endlich schmecke ich nun manches heraus. Das ist früher im Mittagstrubel komplett untergegangen. Muss ich ehrlich eingestehen.

Während ich also in der Männerwirtschaft von manchem profitiere ... ja ... da müsste, da sollte ich auch noch dazulernen.

Ab und an bin ich ja mal richtig weg. Muss arbeiten, Vorträge halten. Da komme ich dann nach rund vierundzwanzig Stunden wieder nach Hause. Halte mit dem Auto direkt vor dem Küchenfenster an und sehe dort ein eilfertiges Gesicht über dem Waschbecken. Auf den letzten Metern vor meinem Eintreffen werden noch ein paar Gebrauchsspuren entfernt. Beim Eintritt in die Küche erfasse ich kurz darauf mit geübtem Frauenblick die Männerwirtschaft.

Und an dieser Stelle sollte nun mein Lernen einsetzen, denn ich sollte großzügig über vieles hinwegsehen. Keine Miene verziehen, keine spontane Bemerkung machen. Besser ist: grüßen und lächeln und freuen. Und das tue ich ja auch. Obwohl ich später einen Spüllappen finde, der auf die Größe eines Kinderüberraschungseies zusammengefaltet wurde. Wenn ich den später auseinanderwickele, dann weiß ich, was die beiden so gekocht haben. Das heißt, eigentlich weiß ich das schon vorher, denn das aufgeschlagene Kochbuch liegt ja einladend auf dem Küchenstuhl bereit.

Meistens finde ich sogar das von mir am Vortag abgespülte Geschirr vor. Es steht säuberlich zum Abtropfen neben dem Waschbecken. Seit gestern Mittag. Mann, das dauert aber auch einfach lange, bis das endlich trocken ist! Klar, da ist ja eben das frisch gespülte Geschirr wieder draufsortiert worden. Deshalb der ansehnliche Stapel. Wie gesagt, ich soll das alles nicht kommentieren. Männer machen eben manches anders. Jedenfalls meine.

Früher hab ich dann alles komplett versaut. Die Stimmung meine ich. Das Gesicht entgleiste mir, die fragenden Worte drängten heraus. Und, bumms, wich die Wiedersehensfreude aus allen Gemütern. Aber mittlerweile übe ich mehr Großzügigkeit, ehrlich.

Was ich noch lernen sollte? Dass meine Fürsorglichkeit manchmal einfach nur nervt.

Wie bei der Sache mit den Smoothies. Der eine geht doch auf Dienstreise, der andere hat acht Schulstunden. Vorausschauend kaufe ich für jeden so ein leckeres Fläschchen Obstgenuss. Und stelle es am nächsten Morgen zu ihrem Proviant. Tage später finde ich einen Smoothie wieder. Den kenne ich doch! Er steht, irgendwo reingedrückt, im Kühlschrank: unberührt. Unangebrochen. Von meinem Besten erfahre ich, dass so etwas überhaupt nicht kompatibel ist für ein Konferenzprogramm in Süddeutschland. Es habe kein Zeitfenster gegeben, um den zu sich zu nehmen. Sicher auch nicht dicht, das Ding. Und wer will schon Schmierereien in der Tasche mit den Unterlagen haben? Igitt! Es schüttelt ihn regelrecht bei dieser Vorstellung. Ein wenig schuldbewusst schau ich nach. Aber es prangt ein superguter Schraubdeckel obenauf. Wie praktisch! Dennoch, nichts für meinen Besten!

Zwei Tage später entdecke ich den nächsten ... Das ist ja höchst erstaunlich! Dieser steht nun nicht irgendwo hinten im Kühlschrank, da wäre er ja haltbar bis Ende des Monats. Nein, er steht direkt auf der Treppe bei uns im Hausflur. Mein Jüngster hat dieses Exemplar dort abgestellt. Er musste eilig weg und hat den Smoothie dann im Rucksack gefunden. Ungeöffnet, versteht sich. Meiner Meinung nach wäre der sowohl für Schule als auch Freizeit ein wunderbarer Begleiter gewesen. Aber dennoch nichts für Nils. Auch er hat wohl kein Zeitfenster für einen Smoothie gefunden. Ich seufze. Und stelle das Ding in den Kühlschrank. Wie gesagt, manchmal nervt meine Fürsorglichkeit. Sie werden sich selber was zum Mitnehmen suchen. Meine Männer!

Manchmal lernen sogar andere noch durch das, was ich mir so nach und nach aneigne. Da bei uns nicht mehr ganz so viel über Schule am Tisch gesprochen wird, weiß ich inzwischen vieles nicht. Ob es in Latein wieder eine Hausaufgabenüberprüfung gab oder neue Infos über die Kursfahrt verteilt wurden? Ich werde es nicht erfahren. Jedenfalls nicht unbedingt von meinem Jungen. Walli, meine Nachbarin, hingegen hat ein Mädchen in der Stufe von Nils. Die weiß also immer was Aktuelles zum Thema Schule. Dadurch hat sie aber auch viel mehr zum Nachdenken als ich. Denn dieses und jenes beschäftigt sie, von dem ich noch nicht mal im Entferntesten ahne. Sorglos lebe ich meine Tage. Tja, Walli, mit Männern ist manches echt einfacher.

Allein unter Männern lebe ich.

Brauche ich etwa andere Exemplare von ihnen zum Glücklichsein? Entschiedenes Nein!!! Ich genieße ihre Fähigkeiten, die überlassenen Taschentücher und alle übrig gebliebenen Vitamine! Ich habe täglich Übungsfelder, um im zwischenmenschlichen Bereich dazuzulernen! Und bei allem denk ich: Sie sind so anders gestrickt als ich, aber sie sind sooo gut!

> *„Gott, der Herr, dachte sich: ‚Es ist nicht gut, dass der Mensch allein lebt. Er soll eine Gefährtin bekommen, die zu ihm passt.'"*
> 1. Mose 2,18 (HFA)

> *„Lasst einander also gelten und nehmt euch gegenseitig an, so wie Christus euch angenommen hat. Das dient zum Ruhm und zur Ehre Gottes."*
> Römer 15,7 (GNB)

13 Eingelebt

Wann darf man denn sein gerade ausgezogenes, nun erwachsenes „Töchterchen" eigentlich das erste Mal besuchen? Vier Stunden nach dem Auszug? Nach vier Tagen? Oder gar nach vierzig Tagen?

Ich zügele meine Helikopter-Mama-Gedanken, will doch nicht drängeln. Und wir Eltern beschließen gemeinsam, dass wir ein Vierteljahr abwarten. Das wollen wir ihr geben, um im eigenen Leben anzukommen. Aber dann fahren wir. Wir fahren zu Lisanne zum „Dünenhof". Der Dünenhof ist ein christliches Tagungs- und Gästezentrum an der Nordsee. Dort macht Lisanne ihr FSJ, ein freiwilliges soziales Jahr.

An einem Donnerstagmittag im Oktober kommen wir in unserer Ferienwohnung ganz in der Nähe an. Nachmittags erwartet sie uns bereits an ihrem Arbeitsplatz, um uns „alles" zu zeigen. Wie sehr freuen wir uns darauf, sie endlich wieder zu sehen!

Unsere Fewo-Vermieter haben Fahrräder, die wir nutzen dürfen. Also rauf auf den Sattel. Und dann wird aber in die Pedale getreten! Los geht's durch den Wald zwischen Sahlenburg und dem Dünenhof, auf zu Lisanne! Puh, der Fahrradweg hat es in sich. Der zieht sich doch ganz schön. Aber endlich haben wir es geschafft und stehen ein wenig aufgeregt vor den Gruppenhäusern des Dünenhofs.

Hier arbeitet sie also, unsere Große! Was für ein erhebendes Gefühl! Haben wir sie nicht gestern noch zur Grundschule begleitet … und nun ist sie schon im FSJ! Unglaublich! Und dann kommt sie, läuft uns entgegen. Alles wie immer und doch manches anders und neu. Aber die Freude aneinander, die ist sofort spürbar.

Lisanne geht mit uns in ihr Reich: das Büro der Gruppenhäuser. Als „Sekretärin" ist sie dort mitverantwortlich für die Freizeitplanung unterschiedlicher Gruppen wie Schulklassen oder Konfirmationsgruppen. Hier muss sie also telefonieren, planen, abrechnen, zuhören, vermitteln.

Wie auf Verabredung zücken ihre drei Verwandten – Mama, Papa, Bruder –, Handys und Fotoapparate aus der Tasche und halten überall drauf. Auf den Schreibtisch, die Infotafel, die Telefonanlage, die Schreibtischauflage, den Mülleimer und natürlich immer auf Lisanne zwischen dem allen. Wir fotografieren, als würden wir vor dem Eiffelturm in Paris stehen oder vor der Christusstatue in Brasilien. Wir fotografieren, als würden wir ein kleines Weltwunder betrachten. Und das ist es ja auch für uns: Unsere Lisanne steht da und zeigt und erklärt und macht und tut. Ist das Lisanne, mit der Nils in der Sandkiste saß, der Mama den Mund nach dem Nutellabrot abgewischt hat und Papa den Popo (oder war es andersherum?)? Die steht jetzt hier in gesellschaftsfähiger Bürokleidung samt schicker Brille, macht einen seriösen und kompetenten Eindruck und erklärt ganz locker die Arbeitswelt des Dünenhofs! Stark!

Wir erfahren, welche Anbieter man für die Wattenfahrten auswählen kann, wie man die Anrufe intern und extern entgegennimmt, wo man die tausendundeins Informationen notiert. Augen, Mund und Ohren halten wir offen. Gleichzeitig müssen wir ein wenig über uns selbst lachen, was für ein kurioses Bild wir in ihrem Büro abgeben. Was soll man denn von uns denken, wie wir da so herumstehen, staunen, fotografieren? Hoffentlich kommt jetzt keiner rein und sieht uns! Dazu noch unseriös, in Freizeitkleidung, die Haare verwuschelt vom Fahrradfahren.

Und prompt geht die Tür auf. Einer der Chefs vom Dünenhof steht drin, in der Tür. Es gibt ein großes Hallo und Begrüßen, während die Handys ganz schnell in die Jacken- und Hosentaschen wandern. Ich weiß nicht mehr genau, was er dann gesagt hat, aber ich weiß, dass es ein dickes Lob war. Dass es super läuft, wie schnell sie sich eingearbeitet hat und einen Sinn für das Ganze hat und überhaupt. Das hatten wir zwar alles schon selbst in den letzten Wochen geahnt, wenn sie etwas am Telefon erzählt hat. Soeben haben wir es mit eigenen Augen gesehen und nun auch noch mal aus erster Hand vom Chef gehört. Das geht dann ja mal runter wie Öl oder wie ein Glas Sekt, Marke *Söhn*lein Brillant. (Können die denn eigentlich keinen Sekt für stolze Tochter-Eltern herstellen? Töchterlein- oder Tochter-Brillant-Sekt?)

Der Chef muss weiter und Lisanne auch, weil die nächste Pflicht ruft.

Beeindruckt verlassen wir das Büro und holen draußen erst mal tief Luft. „Meine Schwester ist so erwachsen geworden!", höre ich Nils leise, ein wenig ehrfürchtig und richtig stolz neben mir.

„Du, das habe ich aber auch gedacht!", nicke ich Nils zu.

Was mein Bester gerade denkt, weiß ich schon, ohne dass er etwas sagt. Ich weiß es durch die Art, wie er nickt und guckt!

Das war also eins der großen Ziele, für das wir in den letzten achtzehn Jahren Mund und Popo abgewischt und noch so manches andere getan haben! Hoffend, dass irgendwann ein fröhlicher, erwachsener Mensch dasteht. Aufrecht, begabt, einsatzfreudig, interessiert, hingabefähig. Wir sind stolz auf Lisanne. Stolz auf das, was sie aus ihrem Leben macht. Glücklich darüber, dass sie ihr Leben liebt und es in Angriff nimmt.

Und noch mehr: Wir sind dankbar. Denn viele Eltern putzen Münder und Popos ab und tun so manches andere. Aber am Ende steht nicht unbedingt ein fröhlicher Mensch da, der sein Ding macht. Manche Kinder kriegen die Kurve nicht und bleiben irgendwo stecken. Obwohl man sich um sie bemüht hat. Oder weil man sich zu viel bemüht hat? Oder zu wenig? Wer kann das schon durchschauen ...

Wir sind Gott dankbar, dass sie sich hier so gut eingelebt hat. Engagiert lebt.

Gott begleitet sie. Formt sie. Arbeitet an ihren Macken, die ja jeder Mensch so hat. Er kann durch sie etwas bewirken. Hier im FSJ – im ersten Jahr „weg von zu Hause".

Ja, dankbar sind wir!

So, nun aber Schluss mit den tiefen Gedanken. Der Hunger meldet sich langsam. Bei Gegenwind am Strand werden wir noch Zeit haben, alle Eindrücke sacken zu lassen. Und anschließend sollten wir mal schleunigst das Abendessen vorbereiten, denn Lisanne wird uns besuchen. Tischgemeinschaft wie in alten Zeiten! Ein viertes Gedeck vorbereiten. Juchhu!

„Mein Bester, willst du schon mal das Nutella aufstellen?"

„Als ich noch ein Kind war, redete ich, wie Kinder reden, dachte, wie Kinder denken, und urteilte, wie Kinder urteilen. Doch als Erwachsener habe ich abgelegt, was kindlich ist."
1. Korinther 13,11 (NGÜ)

„Denn was wir sind, ist Gottes Werk; er hat uns durch Jesus Christus dazu geschaffen, das zu tun, was gut und richtig ist. Gott hat alles, was wir tun sollen, vorbereitet; an uns ist es nun, das Vorbereitete auszuführen."
Epheser 2,10 (NGÜ)

14 Wundertag

Uuuuh! Jedes Mal, wenn ich eine berühre, zucke ich ein wenig zusammen und ziehe blitzschnell meine Hand zurück. Quallen im Ostseewasser sind einfach unangenehm! Bisher hatten wir Ruhe vor den glibberigen Teilen. Heute aber ist ablandiger Wind angesagt! Das bedeutet: Quallentag! Schade, es ist doch unser letzter an der Ostsee!

Meine Nachbarin aus der Ferienhaussiedlung und ich, wir stolzieren in Badeklamotten nebeneinander durchs flache Wasser. Immer auf der Hut vor den eigentlich harmlosen Dingern.

„Heute Nachmittag wird es nicht mehr gehen", sagt sie, „deshalb will ich jetzt noch mal schwimmen."

Obwohl ich keine Wettervorhersage gehört habe, weiß ich, dass sie recht hat. Wir zwei wagen es! Solidargemeinschaft der Ostseevernarrten!

Da es immerhin ein halber Genuss war, versuche ich es später noch mal mit dem Schwimmen. Das letzte Mal in diesem Jahr? Brütend heiß ist es heute. Eine Abkühlung wäre doch jetzt genau das Richtige, aber … die Viecher verteidigen ihr Revier. Nun muss ich bereits durch einen ganzen Teppich von Quallen hindurch, der sich in Ufernähe ausgebreitet hat. Schwimmen geht gar nicht. Das war es jetzt also! Wie schade!

Dick wie ein Quallenteppich kriecht Wehmut in mir hoch und breitet sich aus.

Normalerweise hätte ich die jetzt so richtig gepflegt und mich ihr hemmungslos hingegeben. Plötzlich aber bekommt die Wehmut Konkurrenz.

Ganz andere Gedanken sind da. Weiß gar nicht, wo die hergekommen sind. Ganz unerwartet höre ich mich innerlich zu meinem besten Freund sagen: „Gott, ich bin dir so dankbar für die tolle Zeit, die wir hier haben durften. Diese herrlichen Ostseebäder mit und ohne Wellen! Ich gebe dir das jetzt einfach zurück! Lasse los. Wäre schön gewesen, es heute noch mal so sorgenfrei zu genießen. Das geht nun nicht! Aber danke noch mal! Vielen Dank für das, was wir hatten!"

Ich wundere mich über mich selbst. Von Natur aus bin ich doch eine echte Häwelfrau[2], und die ruft ja bekanntlich: „Mehr! Mehr!"

Wie ist denn dieses Gebet jetzt zustande gekommen? Ich weiß es nicht. Nehme es einfach als Geschenk des Tages. Mit einem Mal fühle ich mich so befreit! Schönes, neues Gefühl! Innerlich versöhnt taste ich mich vorsichtig durch den Quallenteppich hindurch zurück ans Ufer.

Beim Ferienhaus wieder angekommen, berichte ich meinem Besten: „Du, schwimmen kannst du vergessen. Die Ostsee ist voll mit Quallen. Das ist leider gelaufen."

Wenn *ich* das Schwimmen aufgebe, dann weiß er, dass er es gar nicht mehr probieren muss. Dann ist wirklich Schluss! Finito! Selbst er ist traurig, denn auch ihm hatte das Schwimmen in diesem Urlaub richtig viel Spaß gebracht.

Später wollen wir draußen zu Mittag essen. Wieder bete ich. Das übliche Tischgebet eben. Mein Mann hört mich „Amen" sagen. Und anschließend hört er noch etwas. Ich setze zu meinem eigenen Erstaunen nach: „Lieber Gott, auch wenn es einfach nur egoistisch ist, aber lass doch den Wind noch mal drehen. Amen." Es ist mir rausgerutscht! Genau wie das Gebet vorhin in der Ostsee. Ich habe in meinem Leben wirklich schon für alles Mögliche gebetet. Aber für eine andere Windrichtung noch nie!

Mein Bester grinst. Er weiß, wie wichtig mir das Schwimmen ist. Ich grinse zurück. Setze ich fest darauf, dass Gott das tun will oder kann? Ehrlich gesagt: Nein! Wieso sollte Gott an diesem normalen Sommertag den Wind drehen lassen? Nur weil eine Schwimmverrückte sich das so wünscht? Die Nachbarin hat die Regionalnachrichten gehört. Die weiß, was kommt. Dagegen anbeten? Und außerdem ist das zu hundert Prozent ein egoistisches Gebet. Ich habe nicht für eine Krisenregion in der Welt gebetet. Habe einfach nur einen kindlichen Wunsch gesagt.

Ungeordnet schwirren mir all diese Gedanken durch den Kopf. Gleichzeitig fühl ich mich so frei und gelöst. Wie vorhin. Hänge innerlich nicht mehr fest. Kann jetzt auch einfach im Schatten sitzen und lesen – und gut ist es. Ich muss gar nicht schwimmen, um glücklich zu sein. Seltsam! Ich habe wohl losgelassen.

Zwei Stunden später. Das gibt es nicht! Die Fahne auf dem Nachbargrundstück hat sich heute ein zweites Mal gedreht. Der Wind also auch. Das kann nicht sein! Sonnenbrille abnehmen und Augen reiben. Wie war das mit den Regionalnachrichten? Außerdem hält sich der West-wind meistens lange. Und warum sollte Gott auf mein schlichtes und – sorry – ziemlich ungläubiges Gebet ant-worten?

„Du, ich fahre in einer halben Stunde mal zum Wasser und schaue nach", sage ich zu meinem Besten. „Geb' dir dann Bescheid, ob …"

„Quatsch", höre ich ihn, „da fahre ich doch gleich mit, und das Schwimmzeug packen wir auch ein!" Mann, der glaubt also schon an ein Windwunder? Nun bin ich aber herausgefordert vom unerwarteten Mut und Einsatzwil-len meines Mannes. Bereits unterwegs merken wir, dass der Wind tatsächlich gedreht hat! Unglaublich!

Noch unglaublicher ist, dass die Quallen in der kurzen Zeit bereits komplett das Weite gesucht haben. Anschei-nend haben sie fluchtartig unser Schwimmrevier verlas-sen. Als wenn nichts gewesen wäre, liegt die Ostsee klar und frisch vor uns. Quallenfrei lädt sie ein: Leute, stürzt euch ins Wasser, genießt es!

Ich kann es nicht fassen. Gott hat also tatsächlich ein zu hundert Prozent egoistisches Gebet erhört! Einfach nur, damit wir Spaß haben! Mein Bester und ich und all die anderen am Strand! Es ist nicht zu fassen! Ich stürze natürlich kopfüber rein ins Vergnügen!

Während ich meine gleichmäßigen Züge mache, höre ich Gott zu mir reden. Ich ahne, dass er den Wind nicht nur „zum Spaß" hat drehen lassen. Er weiß, dass das Loslassen schon lange Zeit für mich eine große Heraus-forderung ist. Da gibt es noch ganz andere Lebensberei-che, in denen ich gerade loslassen sollte. Weil er mich so gut kennt und außerdem so tief liebt, hat er mir diese Erfahrung geschenkt. Anders kann ich mir das nicht erklären.

Nein, ein Ostseebad mehr oder weniger ist nichts Weltbewegendes. Aber mir hat er mit diesem simplen Erlebnis Selbstvertrauen und Gottvertrauen gestärkt: „Du kannst es! Du kannst auf etwas verzichten, von dem du meinst, es sei unwahrscheinlich wichtig für dich. Kannst dankbar sein für das, was du hattest. Du kannst abgeben, wenn es Zeit dafür ist. Und du wirst erfahren: Wenn du mir etwas gibst, gehst du als Beschenkte aus dieser Situation heraus."

Das ist unglaublich. Unbegreiflich für mich. Das ist befreiend. Das wird noch lange in mir nachwirken!

Heute ist nicht nur Quallentag! Heute ist für mich Wundertag in Sachen Loslassen!

„Dann stand er auf und bedrohte den Wind und die Wellen. Sofort legte sich der Sturm, und es wurde ganz still. Alle fragten sich voller Staunen: ‚Was ist das für ein Mensch? Selbst Wind und Wellen gehorchen ihm!‘"
Matthäus 8, 26b.27 (HFA)

„Betet immer und in jeder Situation mit der Kraft des Heiligen Geistes."
Epheser 6,18a (NLB)

„Jedes Ereignis, alles auf der Welt hat seine Zeit:
Geboren werden und Sterben, (…) Umarmen
und Loslassen.“
Prediger 3,1.2a.5b (HFA)

„Alles Gute zum Alltag"

von Samuel Harfst

Eine kleine Melodie
hab ich geschrieben, schenk sie dir.
Komm, pack sie aus und nimm sie mit,
ganz egal, wohin du gehst, sie geht mit dir.

Alles Gute zum Alltag,
ich wünsch dir einen schönen Tag!
Alles Gute zum Alltag,
ja, mein Freund, ich wünsch dir was!

Nimm das Leben bei der Hand,
grab die Träume aus dem Sand.
Träume hellwach, träume groß,
lass die Hoffnung niemals los.

Alles Gute zum Alltag,
ich wünsch dir einen schönen Tag!
Alles Gute zum Alltag,
ja, mein Freund, ich wünsch dir was!

Komm, komm, komm und lass die ganzen Fragen
Fragen sein.
Leb dein Leben jetzt und hier und überhaupt.

Komm, komm, komm, verschiebe all deine Sorgen
doch auf übermorgen!

Ich gratuliere dir zum Augenblick,
ganz egal, wo auch immer du jetzt bist!

Alles Gute zum Alltag.
Ich wünsch dir einen schönen Tag!
Alles Gute zum Alltag,
ja, mein Freund, ich wünsch dir was!

15 Alltagsliebhaber

Allmählich wird der Niederschlag immer stärker. Das sind ja zum Teil schon richtig dicke Schneeflocken, die da auf unserer Windschutzscheibe landen! Für das, was dann plötzlich geschieht, gibt es keine Vorankündigung. Das Auto dreht sich. Ostern 2008. Plötzlich ist unser Leben bedroht …

Dabei begann alles unscheinbar mit einem harmlosen Familienbesuch bei den Schwiegereltern. Nur wettermäßig war es seltsam: Am Ostermontag mit den Kindern draußen einen Schneemann bauen? Mal was anderes! Aber eben keine lustige Eiersuche unter sprießenden Frühlingsblumen.

Die Kinder wollten noch für ein paar Tage allein bei Oma und Opa bleiben; wir also allein los in Richtung A45! Auf nach Hause. Aussicht auf sturmfreie Bude!

Klar, Verkehrsfunk war eingestellt, wie immer. Nieselregen setzte ein, bereits vermischt mit Schneeflocken. So viel Niederschlag! Irgendwann waren am Straßenrand schon tüchtige Schneeberge zu sehen. Und nicht nur dort! Sehnsüchtig wünschten wir uns blinkende Einsatzfahrzeuge herbei, die tüchtig räumen würden. Keine Spur davon zu sehen. Vielleicht saßen diese freundlichen Helfer noch irgendwo am Osterkaffeetisch?

Mein Bester und ich ins Gespräch vertieft, wie so oft. Und dann passiert es.

Wir sind mit gerade mal siebzig Stundenkilometern auf der Überholspur unterwegs. Weiter vorn erkennen wir Lastwagen, die sich schleppend den Berg hoch bewegen. Mit einem Mal verliert Uli die Kontrolle über unser Fahrzeug. Das, was von oben kommt, ist auf dem Autobahnasphalt in Sekunden zu Blitzeis geworden!

Das Lenkrad wird ihm aus der Hand gerissen, die Leitplanke erscheint vor unseren Augen. Todesangst in mir. Ich schreie laut, wie ich noch nie geschrien habe: „Jesus, hilf uns!" Sicheres Gefühl im Herzen, gleich sind wir tot … Wir donnern gegen die Leitplanke. Das Auto dreht sich in rasender Geschwindigkeit weiter, weiter, weiter! Und landet mit der Front entgegen der Fahrtrichtung am Straßenrand. Schreck in allen Gliedern!

Ich zu Uli: „Lebst du? Kannst du dich bewegen?"

„Ja."

Wir beide sofort raus aus dem Auto. Vorn aus der Kühlerhaube sehen wir schon Dampf aufsteigen…

Da stehen wir nun am Rand der Autobahn. Unter uns Schneeberge, über uns Schneeregen. Dünnes Schuhwerk an den Füßen, alles bald komplett durchgeweicht.

Wir können kaum reden, geschweige denn denken. Kurze Umarmung. Uli sucht das Warndreieck, im Kofferraum vergraben unter Ostereiern und Reisetaschen.

Und jetzt? Was tut man feiertags auf der Autobahn, wenn man Angst hat, dass einem das Auto gleich um die Ohren fliegt? Irgendwann fällt uns trotz aller Denkblockaden ein: Auf zur nächsten Notfalltelefonsäule! Uli übernimmt das. Ich begebe mich zu einem Lkw, der wohl gut zweihundert Meter von uns entfernt am Rand steht. Längst lahmgelegt. Freundlich werde ich in der warmen Fahrerkabine aufgenommen. Sogar heißen Tee bietet der Fahrer an! Guuut!

Nun heißt es, Kinder und Großeltern in Leverkusen zu informieren. Unsere Große fängt vor Schreck gleich an zu weinen. Aber alle begreifen schnell: Wir leben! Wahrscheinlich sogar gesund. Ein echtes Osterwunder! Was hätte nicht alles passieren können?! Nun ist „nur" unser Auto komplett hinüber. Das ist selbst mir klar. Sonst ist nichts!

Spät in der Nacht landen wir mit Hilfe eines Abschleppdienstes in einem verschlafenen Dörfchen. Irgendwo im Sauerland. Dort klingeln wir trotz Ruhetag den Wirt heraus. Ein kaltes Zimmer wird notdürftig beheizt. Erschöpft fallen wir irgendwann in einen unruhigen Schlaf.

Traumhafter Blick auf die Winterlandschaft am nächsten Morgen! Gleichzeitig genauso real: Gestern! Schnee, Leitplanke, Angst, Aufprall. Unfassbar, aber Gott sei Dank wahr: Wir leben noch! Trotz des Unfalls!

Fast wären alle Träume ausgeträumt gewesen. Von einem Moment auf den anderen wären wir keine Eltern, Kinder, Freunde, Pastorsleute, Nachbarn mehr gewesen.

Nun aber leben wir! Hey! Wir können wohl doch zurück in unser Leben! Dürfen zurück in unseren Alltag! Werden irgendwann wieder die herrliche Sorglosigkeit eines ganz normalen Tages erleben, von dem man weiß: Er darf einfach so sein. Morgen wieder. Übermorgen höchstwahrscheinlich auch.

Wir werden unseren Alltagsplatz im Leben wieder ausfüllen. Richtig gern. Ein Rädchen im Getriebe sein. Nicht mehr und nicht weniger! Aber wie wunderschön, wenn sich das dreht! Wie viel besser als Autoreifen, die bei Blitzeis durchdrehen.

Pfeif auf jedes Gejammer über den Alltag! Dieser Ostermontag bringt mir bei, meine ach so normalen Tage wertzuschätzen. Mann und Kinder lieben, jemandem vergeben, den Mitmenschen gegenüber aufmerksam sein, drei Sonnenstrahlen ins Gesicht scheinen lassen, bereitwillig am Schreibtisch arbeiten, Müll wegbringen, zum Tagesschluss einige gute Minuten bei Wein und Erdnüssen sitzen. Wertvoller, guter Alltag!

Den mag ich. Bei Sonnenschein und erst recht, wenn Schneeregen vom Himmel fällt.

„Kann uns noch irgendetwas
von der Liebe Christi trennen?
Wenn wir vielleicht in Not oder Angst geraten,
verfolgt werden, hungern, frieren, in Gefahr sind
oder sogar vom Tod bedroht werden?"
Römer 8,35 (NLB)

„Ein Mensch kann nichts Besseres tun,
als zu essen und zu trinken und sich etwas Gutes
zu gönnen von all seiner Mühe. Doch ich sah,
dass auch das von Gott abhängt."
Prediger 2,24 (NeÜ)

Persönliches Nachwort

Beim Lesen haben Sie sich ein Bild von mir und anderen machen können. Vielleicht sieht eins wie folgt aus: Die Kerstin Wendel ist also organisiert, manchmal ungeschickt in Gesprächen mit lieben Mitmenschen, ostseeverliebt, mal zu pflichtbewusst, mal humorvoll, auch mal selbstmitleidig … Ja, das alles ist sie. Aber sie ist natürlich noch viel mehr. Sie durften sich also ein kleines Bild machen. Aber eine Bitte habe ich: Halten Sie sich darin noch einige Puzzleteilchen frei für das, was nicht geschrieben werden konnte.

Schließlich sind wir – alle! – mehr als das, was in Alltagsgeschichten und kleinen Szenen von uns aufleuchtet!

Und nun geht's los:
Auf in Ihren Alltag! Gott geht gern mit!
Alles, alles Gute dafür!

Ihre Kerstin Wendel

Stichwortverzeichnis

Welche Themen finden sich in welcher Geschichte?

Bibelstellenverzeichnis

Anmerkungen

[1] Royal Rangers sind Pfadfinder, die sich Kenntnisse und Erfahrungen im Bereich Natur angeeignet haben.

[2] Das Wort „Häwelfrau" gibt es so nicht. Wohl aber das Märchen: „Der kleine Häwelmann", von Theodor Storm. Darin macht ein kleiner Junge Erfahrungen mit seinen Wünschen nach immer mehr.

Kerstin Wendel

Sonntagsglück

Der Tag zum Auftanken,
Faulenzen und Genießen

160 Seiten, Taschenbuch
ISBN Buch 978-3-7655-4212-1

Faulenzen, mit Freunden zusammensitzen oder die Natur
genießen – das ist Sonntagsglück. Viele praktische Tipps
für den Sonntag inspirieren ebenso wie eigene Erfahrungen von Kerstin Wendel in Familie und Gemeinde.

„Dass es gesundheitlich und familiär ratsam ist, einen
Ruhetag pro Woche einzuhalten, wissen alle. Dass uns
tausenderlei wirtschaftliche und soziale Sachzwänge da-
ran hindern, auch. Und dann die geschwätzige Betrieb-
samkeit unserer Plauderblöckchen unterm Daumen und
am Ohr! ... Wie uns eine gründliche Darlegung des bi-
blischen Sabbatgebots und ein kreativer Blumenstrauß
praktizierbarer Sonntags-Ideen aus dieser Klemme her-
aushelfen, zeigt dieses Buch.“

Andreas Malessa

BRUNNEN VERLAG GIESSEN
www.brunnen-verlag.de

Silke Stattaus

Guten Morgen!

52 Minuten-Andachten

128 Seiten, gebunden
ISBN Buch 978-3-7655-0966-7

Für Männer – für Frauen – für „jedermann":
52 Guten-Morgen-Andachten für einen rundum guten
Start in den Tag! Jede gerade mal 1 ½ Minuten kurz. Aber
mit allem drin und dran, was den Morgen gut macht:
- ein guter Grund zu lächeln
- ein guter Gedanke fürs Hirn
- ein gutes Wort von einem menschenfreundlichen Gott

Silke Stattaus lädt ein – zu einem gesegneten Start in den
Tag!

*„Immer, wenn bei meinen vielen Fahrten durchs Land eine
Radioandacht kommt, höre ich gerne und genau hin. Silke
Stattaus' Andachten kann ich jetzt auch überall und jeder-
zeit nachlesen. Was mich sehr freut, denn sie sind liebevoll,
unterhaltsam, alltagsnah – und sie sprechen mich an!"*
Tim Niedernolte, TV-Moderator

BRUNNEN VERLAG GIESSEN
www.brunnen-verlag.de

Hat Ihnen dieses Buch gefallen?
Schreiben Sie's uns auf www.brunnen-verlag.de
Ihre Meinung zählt!